Den Konservativa Trädgården-

Traditionernas och teologins återkomst

Anders Krüger

Innehåll:

2

Förord

I takt med den tilltagande polarisering som karaktäriserar vår samtids politiska och filosofiska debatt, så får vi allt svårare att acceptera själva grundförutsättningen för vår existens: paradoxen. Livet behöver såväl ordning som kaos för att erhålla funktion, morfologi och utveckling. Samhällen är beroende av både yttre strukturer och inre existentiella värden, ofta i skenbar eller verklig konflikt med varandra. Förståelsen och bejakandet av det paradoxala präglade till exempel antikens kultur (Dionysos contra Apollon), medeltiden med Luthers "Tvåregementeslära" och Occams tankar om "Tro och Vetande" och idag i den konservativa traditionens insikt om att människan vare sig är "ängel eller demon".

(Jag vill kort notera i sammanhanget, att det, medvetet eller omedvetet, även utvecklats en sådan struktur i den katolska kyrkan idag, med en myndighetsutövande påve och en påve emeritus, en den mjuka franciskanska traditionens förespråkare och en traditionens väktare där Benediktus XVI emellanåt kallas för "Guds rottweiler").

Själv hemmahörande i en uttalad konservativ tradition, möter jag ofta en grund bild av konservatismen. I såväl samtal som diskussioner upplever jag allt oftare att många reagerar starkt på, alternativt är oförstående inför, samhälleligt centrala begrepp som "plikt", "nation", "ordning", "hierarki", "betyg" och "disciplin". Allt oftare upplever jag i samband med mina föreläsningar att ett relativt ytligt postmodernt sinnelag emellanåt resulterar i en oförmåga att förstå värdet av historia, klassisk konst och arkitektur eller de djupa värden som självbesinning, måttlighet och romantik kan erbjuda en människa.

Den plattform, på vilken hela vår västerländska civilisation är uppbyggd, är för en stor del av den yngre generationen, vänsterliberala politiker och journalister, ett främmande språk, något musealt, skrämmande och obskyrt. Historielöshet och identitetspolitik har tillåtits mala ner den ena bärande strukturen efter den andra, med känt resultat.

Sverige har i decennier varit "progressivt" och vi betalar nu ett högt pris för denna "revolution" där långt ifrån alla känner sig hemma i den verklighet liberalismen och socialismen tillsammans skapat: ett hårt beskattat, normupplöst, segregerat, rotlöst, logistiskt dysfunktionellt och konsumistiskt/existentiellt ökenlandskap. Sverige, som nation, behöver på många plan restaureras och den åldrade och hårt försummade Moder Svea är i behov av omsorg och vila, för att så, förhoppningsvis kunna återfinna sina berättelser och sin mening.

Min mormor var klassisk rejäl socialdemokrat, med ett varmt hjärta och ett klart sinne för rätt och fel. Hon var dock först och främst en rättvisemänniska med mod att påtala felaktigheter och oförrätter och hon stod alltid upp för den lilla människan i bryderi. Det var en slags praktisk solidarisk form av socialdemokrati, mer än en ideologisk, som låg till grund för hennes världsbild, en världsbild som även rymde omsorgen om att hennes första barnbarn skulle få tryggheten i "Gud som haver..." och traditionen i "Kung Carl den unge hjälten..." samt få möjligheten att bakom höga häckar kunna avnjuta äpplen och solmogna krusbär i det egna hemmets trädgård.

Hon var mycket skeptisk till all form av förställning, fjäsk, låna fjädrar och översitteri och hon var tryggt rotad i både tradition och det hon byggt upp med min morfar.

Den praktiska konsekvensen, den reella värld jag formades av, var således både socialt engagerad och naturligt traditionell och mjukt konservativ. Det fanns en nästan blyg stolthet, förklädd till humor, över min morfars rötter i småländsk lågadel/halvfrälse, sparsamhet, enkelhet, tillräckligt och stabilt kapital, en rak rygg, tydlig röst och en fast blick. Även släktens preussiska ursprung omhuldades genom att tyska användes som ett slags "lekspråk" vid räkning och som utfyllnadsord och berättelser om tyska företeelser i allmänhet.

Därtill fanns ett naturligt förhållningssätt till kunskap och teknik och jag minns att jag redan vid tre-fyra års ålder hade enklare samtal om fysik med min morfar i husets lilla verkstad. Deras Egna Hem, en diskret villa som byggdes av min morfar och hans far, från grund till nock, var min borg. Tillsammans med min mormor tog jag hand om trädgården, skördade äpplen, plommon och rabarber, åt kräm med fet kall mjölk under den stora björken vid dammen, för att strax därefter lära mig om provinsrosor, gula hallon och jordgubbsplantor. Huset med den lilla trädgården var ett kungarike i vilket jag lugnt kunde flanera, tillgodogöra mig den äldre generationens lärdomar och njuta en alldeles särskild fridfull lycka.

Den här lilla boken vill genom sina kortare betraktelser, essäer och personliga upplevelser, i tanken, forma just en liten "Egnahems-trädgård" där man fritt kan vandra mellan kapitlen för att uppleva några av de olika blommor, kulturella uttryck och den andlighet som den konservativa tanketraditionen erbjuder. En del är förklarande, annat reflekterande, något är mer polemiskt; det är en gammal, men högst vital trädgård. På det stora hela lever den sitt eget liv, det ligger i dess natur, och jag närmar mig därför mest som entusiastisk guide, med förkärlek för vissa blomställningar, buskar och prydnader. Dock sår jag, här och var, ut ett och annat tankens frö, med hopp om tillväxt och bärande av frukt.

Hälleforsnäs, januari 2021

Anders Krüger

Konservatismen-

utgångspunkter och förutsättningar

Det är alldeles uppenbart att man i den moderna politiska debatten börjat relatera till "konservatismen" som en reellt existerande politisk kraft. Efter att ha fört en undanskymd tillvaro i decennier efter andra världskriget, är den nu åter ett vitalt och kraftfullt fält i politiken. I Sverige kunde vi bland annat i 2019 års första partiledardebatt höra statsminister Löfven prata om de "högerkonservativa partierna", med vilka han avsåg M, KD och SD. Man kan därtill notera att politiska förslag och ställningstaganden allt oftare medialt analyseras utifrån såväl en höger-vänsterskala som ett GAL-TAN perspektiv, där det senare (TAN) relaterar till ett konservativt/traditionellt perspektiv. Kort kan man konstatera att konservatismen är högaktuell på den politiska arenan.

Men, vad är det egentligen man avser med begreppet "konservatism"? Vad betyder det att det, som i det närmaste var och stundtals är, ett skällsord, åter har fått aktualitet? Varför förekommer så divergenta bilder? Vad är till exempel skillnaden mellan liberal- och socialkonservatism? Varför sker en sammanblandning mellan begrepp som konservatism, högerpopulism och reaktionär politik? Oaktat orsakerna till sammanblandning är det nog klokt att försöka visa på respektive idéströmnings särart, men även belysa beröringspunkter. Som inom all mänsklig verksamhet kan vissa utvecklingslinjer resultera i positiva synergieffekter likväl som katastrofala skeenden. Och, när man befinner sig i komplexa situationer, komplicerade tolkningsförfaranden och regelrätta konflikter, gör man klokt i att vara noggrann med detaljerna.

Primärt kan man utgå ifrån att konservatismen, som en slags modern politisk företeelse, kan betraktas som en reaktion. Chateaubriand och Edmund Burke reagerade på det sönderfall, det kaos och mänskliga lidande som utspelade sig direkt efter den franska revolutionen. De kunde, omöjligen, sätta in skeendena i ett perspektiv med fokus på demokrati och mänskliga rättigheter på ett sådant sätt som vi har privilegiet att göra. Att kaos, osäkerhet, politisk turbulens och skräckvälde var de omedelbara konsekvenserna var något som förfasade. Varken Burke eller Chateaubriand levde i den villfarelsen att det pre-revolutionära Frankrike, med sittståndssamhälle och därtill hörande sociala baksidor, var något paradisiskt (vilket i och för sig ligger i den konservativa politiska filosofins natur). Men alternativet, ett samhälle som fullständigt var statt i sönderfall var värre.

Därtill var man av den åsikten att vissa intrisikala och för samhället essentiella värden, i såväl kyrkligt som aristokratiskt hänseende, gick förlorade i och med den omvälvning som utspelade sig under och efter 1789.

Motsvarande tankegångar och reaktioner kan noteras hos Dostojevskij och Solzjenitsyn med avseende på radikalitet och socialistisk revolution.

Att de konservativa tänkarna hade något väsentligt att säga kunde snabbt noteras då återetablerandet av ett flertal prerevolutionära samhälleliga företeelser, såsom kyrkans betydelse, nyadlande och militär restauration genomfördes blott 20-30 år efter revolutionen, då Napoleon I kommit till makten.

9

Tanken på att samhället kan, och bör, utvecklas medels lugna och genomtänkta reformer, istället för tvära ideologiska och revolutionära kast, är således ett av konservatismens bärande element. Politiken, makten, bör likt en bergsklättrare, vara öppen för framåtskridande, byta tyngdpunkt när det bedöms som säkert och ha en klok reträttplan i händelse av att den uttänkta färdvägen ej fungerar.

För att undvika snabba och revolutionära omvälvningar och plötsliga omställningar, rekommenderar även konservatismen förvaltandet som kardinalprincip. Det innebär att man underhåller, stöttar, renoverar, förbättrar och fördjupar allt från personlig egendom till samhälleliga institutioner. Hus som förfaller, sociala kontrakt som fallerar, gemensamma värdegrunder som blir obsoleta och tillit som blir urholkad på grund av bristande engagemang, pliktkänsla och kunskap, resulterar i sociopolitiska och ekonomiska behov av snabb förändring. Och därtill hörande och väl dokumenterat lidande.

Traditioner och väl beprövade kulturella uttryck omhuldas också av konservatismen. Man ser på samhället och människors samlevnad, med varandra och med naturen, utifrån ett levande, organiskt perspektiv. Det innebär att man tar hänsyn till respekten för allt levande och dess, som man bedömer, naturliga form. Färdigheter fördelas, av naturliga skäl, inte helt jämnt och är ej heller önskvärt, över alla delar i en befolkning; innebärandes att alla individer ingående i ett samhälle ej kommer att ha identiska funktioner. Respekten för hantverkskunnande, konstnärliga färdigheter, vetenskapligt sinnelag, industriell kompetens och politiskt och militärt snille etcetera är centralt och vitaliserande för ett levande samhälle. Dock, och till skillnad från ett nivellerande socialistiskt perspektiv eller ett atomistiskt konkurrerande liberalt, förenas olikheterna.

Detta sker genom att nationen delar traditioner, syften, högre mål, stolthet över framgångar och solidaritet i motgång. Det organiska synsättet på samhället och människans verksamhet får sin djupaste betydelse i respekten för människovärdet just genom att ge begreppet "liv" ett bärande och avgörande värde, ja, ur ett klassiskt kristet perspektiv betraktas det till och med som varandes heligt, vilket även inkluderar naturen. Här kan det vara av betydelse att notera att en del av den kritik som, orättvist, drabbar konservatismen med avseende på t ex miljöförstöring, slit-och-släng- filosofi och allmän hänsynslös girighet, snarast är relaterad till industriell nyliberalism och ej traditionell konservatism. Mer om det längre fram.

Även religionen är många gånger ett bärande element i den konservativa politiska filosofin. Och det här är, åtminstone i ett klassiskt sekulärt samhälle av svenskt snitt, sprängstoff och minerad mark. Utifrån ett sekulärt filosofiskt perspektiv finns det ingen som helst grund att låta något som helst ställningstagande, beslut eller aktivitet vila på religiös grund. Och detta utifrån ett flertal principer såsom att det till exempel ej går att vetenskapligt bevisa förekomst av gudomliga existenser, att många religiösa åskådningar hamnar i konflikt med det vetenskapliga samhället, att religion leder till förtryck och inskränkthet för att inte tala om väpnade konflikter och krig.

11

Så ser ofta debattens demarkationslinjer ut och emellanåt med rätta. Sannolikt skulle det bli mycket enklare om man analyserade problemet ur ett mer klassiskt perspektiv och med Platon som ciceron.

Tanken på den verklighetsbeskrivning som Herakleitos förespråkade, Ta Panta Rei, allting flyter, verkade alldeles för omstörtande för Platon. Behovet av en fast punkt, en plats utifrån vilket allt fick sitt värde och betydelse, kom att formuleras som ett slags ontologiskt svar på det herakleitiska kaoset.

Även här kan man således ana en reaktion. Behovet av ett upplevt "existentiellt centrum" (idévärlden, Gud etcetera) för att göra världen ontologiskt/existentiellt begriplig formulerades parallellt med att observationer och analyser indikerade förekomst av "fritt fall och kaos".

Här kan man nog se det som att Platon får visst stöd av teologer, matematiker och filosofer som Mandelbrot, Frankl, Buber, Tillich, Bonhoeffer, Boff och Cardenal med flera.Intressant i sammanhanget är att det ofta är vänsterteologerna som så att säga räddar tanken på förekomsten av en existentiell grund, i dialog med den vetenskapliga revolutionens framväxt och landvinningar.Det är teologer som faktiskt till och med bedöms som intressanta samtalspartners av ingen mindre än vetenskapsmannen, ateisten och författaren Richard Dawkins. Här finns onekligen något viktigt att lära.

För att kunna föra ett klokt och sansat samtal omkring frågor om tro och vetande är det klokt att hitta en slags funktionell plattform. Sett utifrån ett fungerande "dialogperspektiv" borde man kunna hitta ett flertal intressanta parametrar och utgångspunkter utifrån den aktivitet som råder inom till exempel den katolska kyrkans påvliga vetenskapsakademi eller jesuitordens traditionella vetenskapliga engagemang.Det vore både klokt och välbehövligt, som ett första steg, mot att distansera sig ifrån icke-vetenskaplig, många gånger aggressiv och anti-intellektuell nyhögerfundamentalistisk evangelikalism av amerikansk modell, där framgångsteologi och ekonomisk vinst står i fokus. Det sistnämnda är nämligen mycket långt ifrån den klassiska och genuina konservatism som vilar på ovan nämnda romersk-katolska kulturella ställningstaganden och traditioner.

För att förstå en konservativ inställning till kristendomen och behovet av religion i Sverige, kan nog det svenskkyrkliga uttryck som till exempel visade sig i samband med Estonia- och tsunamikatastroferna, mordet på Anna Lindhoch efter terrorattacken på Drottninggatan, illustrera ettdjupt liggande behov av institutionaliserade traditioner för djupare existentiella uttryck. Det är ett samhälleligt erbjudande av det stilla rummet, en vilsam oas där ljus tänds, människor möter varandra i gemenskap, sorg och hopp.En parallell, profan struktur som också bevisar sitt värde i kris är vårt Kungahus, där H.M. Konungen, Carl XVI Gustaf många gånger fungerar enande i svåra tider.

Att människan är ofullkomlig är ytterligare en insikt och erfarenhet som tas hänsyn till av konservatismen. Den bär inte på någon utopisk bild av den evigt och beständigt goda människan, som, om bara de sociala omständigheterna vore de rätta, kan bli en realitet.

Givetvis finns det ett antal svårigheter med att dra lärdomar av historien, framför allt då ingen historisk situation är identisk med någon annan. Det kungliga enväldets maktstrukturer i Sverige under karolinertiden skiljer sig uppenbart från t ex vikingatidens/järnålderns maktfördelning och det samhälle vi upplever efter det att vi erhållit ett demokratiskt statsskick baserat på representativ parlamentarism. Däremot verkar det inte som om vår fallenhet för t ex girighet, aggressivitet, egoism, lögn, bedrägeri, våld och korruption passerat något slags bäst före datum. Det ligger så att säga i vår natur att kunna bete oss på ett, enligt de flesta moralfilosofiska teorier, bristfälligt sätt. Parallellt med detta ser vi ett flertal exempel på solidaritet med utsatta, ekologisk omtanke, krav på mänskliga rättigheter, upprördhet över missförhållanden och diskriminering samt önskemål om att återintroducera förlåtelsen som ett mellanmänskligt begrepp.

Den gamle reformatorn Martin Luther påpekade i sin visdom att människan kan ses som "simul iustus et peccator", samtidigt rättfärdiggjord och syndare. (Jag drar mig faktiskt här till minnes, från min tid vid Teologiska Institutionen i Uppsala, att kyrkohistorikern och teologen Alf Tergel, uppmanade oss studenter att åtminstone lägga en sak på minnet avseende den lutherska teologin: att människan är bristfällig).

Som ung teologistudent hade jag nog lite svårt att ta till mig det budskapet. Nog borde människan, i John Lockes mening, kunna betraktas som ett blankt blad som väntade på att få ett antal goda historier nedtecknade på sin skinande vita yta? Visst borde mänskligheten gå att utbilda fram till ett sant och sunt beteendemönster som var alla till gagn?

Den före detta trotskisten och upphovsmannen bakom neokonservatismen i USA, Irving Kristol, sa en gång att "a neconservative is a liberal who has been mugged by reality". Det kan låta dystert och föga hoppingivande för en ung, varm och idealistisk själ.

Men syftet är inte att beröva den unga och varma själen dess goda och kloka kompass, utan fastmer att skydda det ömtåliga instrumentet. Internationella konflikter, hjälpsändningar och insatser kräver allt som oftast ett beväpnat FN-stöd, ordningsmakten har ett våldsmonopol för att skydda den svage mot den "starkes rätt och övergrepp", regler, betyg och organiserat beslutsfattande, ja, viss maktutövning behöver ske för att värna grundläggande friheter. Utan ordning och struktur härskar kaos. Och det spelar ingen roll hur väl vi än försöker utbilda, informera, nivellera, kompensera etcetera; människan är fortsatt ofullkomlig, relationer brister, svek och bedrägerier tillhör det sociala samspelets baksida, ja, det mänskliga ödesdramat behåller sitt mörka grundtema parallellt med dess längtan efter det rättvisa ljuset och en återupprättande försoning.

Ibland sägs det att konservatismen är mer av en "inställning till livet" än en politisk ideologi. Ett förhållningssätt som håller sig till det invanda och väl beprövade. Att själva förvaltandet av det som fungerar äger prejudikat över det experimentella och spektakulära. Enligt filosofen Torbjörn Tännsjö är detta synsätt giltigt och det resulterar i att även en så kallad strukturkonservatism, ett bevarande av status quo, bör kunna belysas ur ett politiskt-filosofiskt konservativt perspektiv. Sannolikt äger det en viss riktighet, men förlorar dock ett antal, för den konservativa idétraditionen viktiga parametrar.den restriktiva hållningen gentemot förändringar, själva livsstilen, attityden till att vilja bevara status quo är nog att betrakta som en viktig komponent, men synen på civilsamhället, traditionerna, kulturen och teologin glöms liksom bort.

Med det sagt så är det givetvis av central betydelse att man omhuldar det man har, känner och är van vid. Det är en god förutsättning för trygghet och fungerar avstressande. Detta finns det experiment på råttor som visar; om man med vissa tidsintervall ändrar förutsättningarna för råttans livsbetingelser framtvingar man en kort period av stress som följs av adaptation och stressreduktion. Om förändringarna sker slumpmässigt, utan förutsägbara mellanrum, kan ej adaptation ske och försöksdjuret blir istället apatiskt.

För oss människor kan vi se det i frågor som t ex rör marknaden eller skolans värld. Om spelreglerna kontinuerligt förändras blir marknaden passiv och håller tillbaka investeringar och i skolans värld sjunker resultaten och lärarkårens förmågor sjunker såväl kvalitativt som kvantitativt.

Detta innebär givetvis inte att man ska undvika förändringar, experiment och nytänkande. Detta är centrala komponenter för mänsklig framgång och överlevnad. Men, och detta är det centrala: förändringar bör ske med moderation, reformer genomförs under kontrollerade former och med möjlighet till analys och anpassning och eventuell återgång till ett ursprungligt och bättre fungerande läge.

Vad som händer när nationalstaten brister i ledning, analys och förståelse av långsiktiga konsekvenser är uppenbart i den svenska samtidshistorien. Vi kan dagligen notera negativa effekter i skolans värld, inom sjukvården, integrationsprocessen, pandemihantering, försvarsmakten och polisen.

Avregleringar och utförsäljningar av statens egendomar, utan möjligheter till att återta kontrollen, har minskat demokratins möjlighet till styr-och reglerfunktioner. Under en period har vi t o m sålt ut eller upplåtit geografiska områden och anläggningar av försvarspolitisk central natur som hamnar och pipe-line-områden på svenskt vatten. Med en väl fungerande konservatism i ledningen hade en del av de misstagen sannolikt kunnat undvikas

17

Västerländsk kristen kultur och traditioner

Den europeiska och den anglo-amerikanska kulturen är nog att i grunden betrakta som vilandes på två fundament: antikens filosofiska landvinningar och den i den antika världen framväxande kristna teologin. Antikens, primärt grekernas, mångfacetterade intellektuella utflykter, analyser, idéer och hypoteser bröt med Sokrates och Platon loss intellektet från det vardagliga, med Demokritos och Leukippos från det vidskepliga och dök med

Aristoteles djupt in i det verkliga/objektiva. Det är rimligt, bör åtminstone vara rimligt, att se den stora landvinningen i att betrakta de antika filosofiska och vetenskapsteoretiska modellerna som såväl möjligheten till en objektiv förståelse av tillvaron som en subjektiv upplevelse av mening. Detta är något som därefter går som en röd tråd genom Västerlandets historia.

Längre fram kom måhända den mer praktiska och organisatoriska formen att ta upp allt större plats genom romarrikets agrara, militära, kulturella och logistiska expansion. Ingenjörskonsten, arkitekturen och de sköna konsterna gav upphov till en vacker funktionalitet kombinerat med rusig glädje över livet per se. Här synes de, ursprungligen grekiska gudomarna, Apollon och Dionysos, likt yin och yang, hitta en balans. Detta gäller givetvis som en metabeskrivning i det den utelämnar sådant som ekonomiska konjunkturcykler, behovet av imperiets expansion för ekonomisk stabilitet i centrum, Neros galenskaper och konflikten mellan senat och kejsare med mera.

Syftet med beskrivningen är att peka på sådant som på något sätt är invävt i det mänskliga historiska ödesdramat i den västerländska kulturen och som sträcker sig in i vår samtid.

Vi spelar fortfarande de klassiska dramatikerna Aiskylos, Euripides och Aristofanes på våra stora scener, tolkar våra liv genom Homeros hjältars oroliga livsöden och förfasas av persernas våldsamma angrepp på Grekland i filmer som 300, där kung Leonidas tappert offrar sig för Greklands frihet. Vi speglar våra moderna samhällen och individuella livsöden i den antika storslaget slipade spegeln, historien sträcker ut händer, insikter och tankar till våra oroliga hjärtan.

Något överdrivet kan vi med Leukippos vandra in i vetenskapligt distanserad objektivitet tillsammans med Dawkins och med Aristofanes Lysistrate så galopperar vi in i identitetspolitiska proteströrelser (till exempel AFA, BLM, Metoo och Antifa) mot uppfattade eller verkliga patriarkala auktoritära strukturer. Den tidiga europeiska antika människan formulerade en begreppsapparat som fortfarande omsluter oss och formar våra val, önskningar och självförståelse.

Men våra hjärtan var oroliga då. Och är oroliga idag. Fram till den punkt där den judeo-kristna tanken erbjuder det som Augustinus erfor i den stund han uttryckte "mitt hjärta är oroligt tills det finner ro hos Dig". Med en i princip judisk ton, som tagen ur Psaltaren, finner vi en existentiell känsla i världshistoriens första självbiografi som återspeglar upplevelsen av "likt djup ropar till djup", "likt hjorten längtar efter vatten, så längtar jag efter dig" och ".....i stillheten efter stormen var Du/Gud".

Och det föresvävar mig, just föresvävar mig, då det inte med någon enkelhet kan bevisas, att denna existentiellt djupt fridfulla upplevelse i sitt äktenskap med den romerska organisationen och administrationen, ger upphov till det som historiskt enat och burit den europeiska och anglo-amerikanska kultursfären, som även letar sig ut över världen med syftet att ena, förbrödra, hjälpa, trösta, lindra och bota. En mäktig organisation som i sin företrädare idag, påven Franciskus I, på ett globalt plan visar på hur viktigt det är med mellanmänsklig ödmjukhet, omsorg om vår natur, förlåtelsens kraft och vårt behov av att vända våra i överkonsumtion och medial narcissism oroliga hjärtan till den plats där det "....finner ro hos Dig".

Och här inträffar något märkligt, idéhistoriskt märkligt. Den europeiskt kristna kulturen har lyckats med att förena det djupast subjektivt existentiellt betydelsefulla med det objektiva och organisatoriska. I sin tydligaste form genom t ex William of Occams särskiljande mellan tro och vetande, vilket fick ett rejält genomslag genom Martin Luther och reformationen. Bortsett ifrån både större och mindre teologiskt särskiljande lärosatser, har den grundläggande principen varit, för samtliga kyrkogrenar, en subjektiv, existentiell expansion/extroversion (läs mission) med ett budskap om förlåtelse, nåd, upprättelse och universalism kombinerat med bildning, organisation, struktur, bevarandekultur, förvaltande och administration. Jag är medveten om att jag målar med mycket bred pensel och att historien är mångfacetterad, men jag menar att det i just detta spänningsfält, i centrum (hegelianskt dialektiskt och med förmåga att "transcendera" sig självt) utgör den västerländska kulturens inre och dynamiska kärna. Kombinationen själslig ro, vetenskaplig framgång, politisk och ekonomisk framåtsyftning och ett socialt medvetande är vaggan för människans stora, reella framgångar och den västerländska geopolitiska dynamiken.

Fragmentiseringen av detta i form av identitetspolitik, klassmotsättningar, sekularisering, nivellering, postmodernism och mångkulturalism har därefter undergrävt och urholkat själva kärnan i Västerlandet. Resultatet är en existentiellt vilsen, politiskt polariserad, ekonomistiskt orienterad vilsen, modern människa, vars politiska ledning är fylld av ångest att inte omfatta idéer på modet, fullt i färd med, att av rädsla för att upprätthålla och vårda sin egen historiska betydelse, tillåta den politiskt korrekta och samhällssplittrande intoleransen. Och det blir på något sätt en smula tragiskt att se hur allt fler nationer dras in i en tankestruktur och realpolitik som bygger på att avskaffa alla för samhället viktiga minsta gemensamma nämnare.

Den här företeelsen resulterar även i en fördjupad splittring inom EU. Länder som Polen, Ungern, Österrike, Freistaat Bayern och i någon mån Italien står idag för den traditionellt framgångsrika västerländska modellen i harnesk mot splittrade och mångkulturellt polariserade länder som t ex Frankrike, Sverige och stora delar av Tyskland.

Vad som kan skönjas är att länder med en postmodern inriktning tappar i "kulturellt internationellt momentum" och betydelse; (storföretag på global basis och bidragande till BNP är ej att betrakta som representanter för nationalstaten. Däremot kan en välmående nationalstat skapa jordmån för internationellt välfungerande bolag och behålla dessa i relation till deras ursprung; något som borde engagera såväl liberal-som nationalkonservativa) vilket i dag skapat ett avståndstagande från Västerlandet som förebild och i allt fler fall en ökad fientlighet mot klassiska västerländska ideal.

En grundförutsättning, som jag ser det, för att rätt förstå konservatismen handlar om att respektera och rätt definiera den producerande människan och hennes uppskattning av planering, produktion och förvaltande. I vår konsumtionsiver har detta gått oss förbi och vi har förvandlats till en mannekänguppvisning i allt från livsstilar, sociala profiler på nätet, inköp av bilar, hus och hushållsprodukter. Som om vi inte kunde göra en rationell analys av våra egna behov. Hade det bara rört sig om en slags allmän psykologisk-moralisk frågeställning hade det inte varit några större problem.

Men nu är det inte så. Det handlar om någonting mycket större. Om människans överlevnad och den västerländska civilisationens bevarande.

Den arbetande människan, hantverkaren, industriarbetaren, programmeraren, forskaren och snickaren bidrar till våra möjligheter att existera som en producerande art. Däremot är själva produktionsförhållandena (för att prata med Marx) inte huggna i sten.

22

Att producera hög kvalitet med omfattande miljöhänsyn är givetvis kostsamt och har inriktning mot kvalitet istället för kvantitet. Det fungerar väl i ett starkt civilsamhälle där ens plikter, värdighet och sociala ställning erhåller ett allmänt erkännande, ett erkännande som vi kan påminnas om genom diplom, utmärkelser, medaljer och medial uppskattning av självuppoffrande insatser. Ett samhälle där ens värde är relaterat till att man ansvarsfullt och plikttroget gör sitt bästa och uppskattas för det, ja, där ett gott namn är ett viktigare mått på framgång än en ny bil. Det här är något som nästintill gått förlorat i det mörka ljuset av "what's in it for me"-filosofin. Att känna sig väl förtrogen med den lokale ekologiska köttbonden, snickaren, trädgårdsmästaren, bil-och mobilreparatören är idag en sällsynt lyx. Men en nödvändig lyx för att vi inte till fullo ska alienera oss från varandra.

Nej, det är ingen utopisk idyll. För den som lever på landsbygden framstår inte det här som speciellt främmande alls och med utökad uppkoppling och AI kommer vi allt närmare ett möjliggörande av de mindre samhällenas renässans. Om vi vill. De stora städerna kommer även framgent att fungera som think tanks och produktiva melting pots, men frågan är om vi kommer att vilja, eller ens kunna, bevara dem som hegemonisk livsstilsnorm. Där är jag mer tveksam. Framför allt efter coronapandemin. Det globala behovet av omställning för klimat och miljö kommer att kräva, eller åtminstone avsevärt underlättas, av mindre sociala enheter drivna av modern teknologi och förnyelsebara energikällor. Således en teknisk uppgradering av en traditionell kontext; den gamla bondbyns återkomst i modern tappning.

Men det handlar inte om social ingenjörskonst för skapandet av suburbanisering utan mer om en sannolik utveckling i riktning mot både ökad livskvalitet och balanserad produktion/konsumtion.

Oaktat om det är sannolikt att vi går mot en sådan utveckling eller ej, så ligger tankegången i linje med en konservativ tanketradition. Och det handlar om att se människan som en levande helhet i organiskt samspel med miljö och samhälle, med trygga små institutioner som inte har behov av att konkurrera utan fastmer att, som ett starkt civilsamhälle och med ömsesidig uppskattning, tjäna sin nästa och i förlängningen nationen.

Och inte heller är det någon slags politisk agenda för själva politikens skull. Faktum är att den naturlighet som vilar över ett konservativt samhällssystem, det lugn och den trygghet det erbjuder, såväl fysiskt som existentiellt, snarast är att betrakta som ett människans naturliga tillstånd, ja nästintill en biotop.

Sett till den existentiella oro som griper runt sig idag, den raskt ökande frekvensen av psykiatriska sjukdomstillstånd och famlandet efter identitet, är uppenbara tecken på att den atomistiska individualismen skapat ett vakuum som förskräcker och urholkar.

I den hyperkapitalistiska revolutionsvågen från öst till väst offras det mesta av rötter och trygghet på vägen. Liberalismen och socialismen har pumpat upp alla expansionistiska mänskliga tendenser till ett maximum, så pass att det på många ställen motverkar människans möjlighet att fungera som art. En mycket allvarlig konsekvens av detta är omfattande miljöförstöring och krig med åtföljande folkomflyttningar resulterande i polariserade och distanserade samhällen i väster. Och vägen bort från detta är sannolikt inte mer av samma beteende.

Religionspsykologen Owe Wikström betraktar i sin bok, "Långsamhetens lov", Fjodor Dostojevskij som den sjätte evangelisten (Bach räknas som den femte). Och jag är i mångt och mycket benägen att hålla med honom. Hos Dostojevskij finns alla de episkt existentiella parametrarna med i de vindlande teologiska och intellektuella resonemangen, detta mot fonden av en livsbana som i sig är ett drama av ljus och mörker.

Dostojevskij föddes 1821 i Moskva som son till en adlig fattigläkare. Han följde sin far i dennes värv och tog med största sannolikhet djupa intryck av de människoöden som en sådan verksamhet innebar. Utbildningsmässigt gick han själv den klassiska vägen för unga ryska adelsmän, den militära, om än under stor vånda och utan större engagemang. Som ung man kände han sig dragen till de nihilistsika och socialistiska kretsarna som växte i omfattning under den här tidsperioden, en period jag anser bör betraktas som ett preludium till revolutionerna 1905 och 1917. Han blev arresterad på grund av sina politiska aktiviteter och dömd till döden, en dom som kom att ta sig uttryck i en skenavrättning och därpå följande benådning till att avtjäna ett kortare straff i Sibirien.

Den här upplevelsen kom att skaka den blivande författaren i grundvalarna och ses som avgörande för hans vidare själsutveckling.

25

Det är mycket troligt att händelsen i sig rev ner den intellektuellt mekaniska socialistiska föreställning han ditintills odlat och blottlade den djupare emotionellt kristet ortodoxa grundton varpå hans själ vilade. I samtliga Dostojevskis verk finns frågan om människan som en varelse med förmåga till lust, logik, skuld, nåd, försoning, rättvisa, ansvar och upprättelse, det vill säga tankegångar om hur svårfångad människan är som väsen och ett erkännande av att människan på något sätt är och blir till i relation till medmänniskan och det som går utöver, transcenderar, och, för att uttrycka det i ortodox mystisk riktning: på det outtalade djupet.

Den ryska ortodoxin, ja egentligen hela den ortodoxa världen, är den östra antikens, det östra Roms förening med kristendomen. Dess signum är inte så mycket dogmatikens och de teologiska lärosatsernas betydelse utan den rör sig mer i bildernas, mystikens, traditionens och liturgins riktning mot den apofatiska teologin, mötet med det gudomliga bortom alla begrepp. En av dess viktigaste utgångspunkter är betoningen just Via negativa, det vill säga mötet med det gudomliga bortom orden, i det stilla och fridfulla. Många ortodoxa teologer och filosofer betraktar även kyrkan och närheten till

Kristus som en läkande örtagård, ett möte med Gud i rollen som läkare och där den sargade själen, patienten, blir omhändertagen och helad av den gudomliga kärleken.

Och det är i det ljuset man bör förstå Aljosa i Bröderna Karamzov, Raskolnikov i Brott och straff och furst Mysjkin i Idioten. Helighet, förlåtelse, upprättelse och kärlek i ljuset av de himmelska mysterierna.

Det här är en verklighet som upplevs i själen, en tunn väv av det mest subtila, skeenden på djupet, paradoxer upplöses bakom de logiska begreppen. En plats som utgör den fasta punkt som redan Platon sökte efter. Det är en punkt som inte kan ses eller beskrivas men som utgör existensens fundament. I samma stund man söker beskriva den förlorar den sin bärighet likt en brusten hinna, en kollapsad ytspänning och även om vissheten kvarstår blir det alldeles klart att intet resonemang kan överföra den från en människa till en annan. Däremot kan en livshållning, orden, samtalen fungera som vägvisare mot kontemplationens örtagård.

Och jag tror att betydelsen av bevarandet av den tvåtusenåriga kristna mystikens traditioner framstått som mycket klart för både Dostojevskij och Solzjenitsyn. Båda förstod att den utgör en viktig och essentiell grundpelare för hela den ortodoxa världen.

Motsvarande teologiska och mystiskt religiösa uttryck återfinns även i den västerländska katolska och protestantiska traditionen om än inte med samma publika genomslagskraft. Där finns Mäster Eckharts nästintill zenbuddhistiskt klara upplevelse av det gudomliga bortom en föreställd gudom, Johannes av Korset och Teresa av Avilas intensiva gudsmöte, Hildegard av Bingens naturlyriska läkedomsteologi och i modern tid en Tillichsk -luthersk bild av det gudomliga som varandets grund.

De springer upp som klara och inspirerande källor för många, men kan inte sägas, än så länge, utgöra någon huvudfåra i vare sig den katolska eller lutherska traditionen. Men, tanken på livet och naturen som helig gåva, återfinns med en gripande kraft hos den helige Franciskus och det med samma självklarhet som det gudomligas närvaro i det alldeles vardagliga återfinnes hos Luther (och Buber).

Om vi nu för ett ögonblick vänder oss bort ifrån de allmänt kända och livsförkvävande formerna av religiös fundamentalism, grymhet och övervåld som historien är sorgset fylld av och istället tänker oss ett tébord uppdukat på en liten äng, vid ett skogsbryn, en medelhavstempererad junimorgon med en mjukt gyllene soluppgång bakom bergen och där människor som den nuvarande Påven Franciskus, Dalai Lama, Martin Buber, Einstein och kanske Dag Hammarskiöld satt och samspråkade om hur de lever eller levde sina liv, hur de uppfattat hur det är att vara till, vad de önskat för mänskligheten och sig själva, föresvävar det mig att förundran, glädje och kärlek till det gåtfullt förunderliga livet skulle prägla samtalet. Kanske de bara skulle sitta där och le, lyssna på fåglarnas sång och menande nicka till varandra då och då.

Och det är min djupaste övertygelse att vi alla, på något sätt, längst in, kan förstå och dela den upplevelsen och att vi också förstår att förlusten av den förmågan, förmågan att uppleva det heliga, den barnsligt uppriktiga förundran, förlusten av den, öppnar rovdriftens och alienationens portar.

Just det gör att den konservatives inställning till detta är att det genom mänsklighetens historia, i de stora traditionerna, finns något mycket värdefullt för mänskligheten och hennes framtid, ja själva tanken, att

förnimmelsen av livet som större än de tidsbundna uttrycken och rymmandes på något i grunden heligt, är direkt essentiellt för människan. Som bland annat Augustinus, Luther och Dostojevskij förstod det.

Istrien

Det kroatiska Istrien andas Italien. Rötterna från antikens dagar visar sig i allt från staden Pulas kvarvarande romerska arkitektur till olivlundar och vinframställning. Man vilar tryggt i tusenåriga traditioner överförda genom generationer. Ovanför den magnifika amfiteatern tronar franciskanerkyrkan, ödmjuk och stolt i samma uppenbarelse. De habsburgska fasaderna med sin slitna puts, sina kantstötta pilastrar och stuckatur minner om dubbelmonarkins dagar.

Katolicismen är starkt rotad här. Franjo Tudjmans högerparti sitter fortfarande säkert i sadeln. Efter decennier av socialistiskt experiment i jugoslavisk tappning med efterföljande sönderslitande inbördeskrig, reste sig det gamla Kroatien, det arketypiska Kroatien, det Kroatien som alltid funnits i folksjälen, enade sig bakom ett klassiskt västerländskt konservativt parti, gick med i EU och NATO och har så lyckats skapa social, kulturell och ekonomisk stabilitet. Det är ytterligare ett exempel på vad en politik som slår vakt om traditionen, historien och familjen, eller "little Platoons" som Edmund Burke uttryckte det, verkligen förmår. Samhället skapas underifrån, av folkets önskemål och fria skapande, respekterandes såväl sin bakgrund som kommande generationers framtid.

Andra, liknande exempel, är de bayerska och österrikiska alpbyarna, den traditionella fransk-spansk-italienska landsbygden. Det verkar som att det finns en övervikt mot det katolska i analysen och sannolikt kan det ha att göra med att den kapitalistiska revolution som tog sin start i Amsterdam 1605 inte riktigt fick förkörsrätt genom historien i de klassiska idag s k

29

kärnkatolska länderna. Dock är det min bestämda åsikt att det även i det protestantiska Norges små fjällbyar, den skånska slättens, det norrländska inlandets mindre kommuner och bland de småländska höglandets bondgårdar går att återfinna motsvarande kulturella uttryck och traditionella bevekelsegrunder.

På andra sidan det Adriatiska havet ligger Italien, idag ett land alltmer präglat av konservatism /nationalkonservatism. Lega med Matteo Salvini har haft stora framgångar och jordmånen verkar vara god för politiska strömningar av såväl mer populistisk som traditionellt präglad konservatism.

I Spanien växer Vox och andra konservativa katolska politiska rörelser och jordmånen är god för att stärka den nationella särprägeln.

En ofta återkommande förklaring av dess framväxt brukar vara försämrad ekonomi och ökade klyftor. Värt att notera är att det är en klassisk vänsterliberal förklaringsmodell och som rymmer ett flertal svagheter.

Mer sannolikt är att djupt bevarade arketypiska strukturer lever kvar under ytan, överlever i det tysta och blommar ut när jordmånen så tillåter. Ovan nämnda exempel på katolicismen i Kroatien, konservativ protestantism och katolicism i Tyskland och den konservatism/nationalkonservatism som kan noteras i Europa, efter många EU-länders experimentella varianter av socialdemokratisk materialism, principiellt sett själlösa kapitalism och oreglerade massinvandring med parallella multikulturella paradigm, är starka indikatorer på att ett konsekvent åsidosättande av det som på djupet sammanfogar en befolkning resulterar i att traditionella livsstilar blommar rikare och mer intensivt vid sidan om allfarvägen. Man söker upp de gamla "trädgårdsmästarna", frågar mor-och farföräldrar om gamla recept på bröd och maträtter, värdesätter naturupplevelser (ja, det finns mycket som indikerar att den moderna miljörörelsen i grunden är konservativ till sin natur, åtminstone avseende sin minsta gemensamma nämnare: bevarande, förvaltande och närhet till naturen), folkdräkter och traditionella klädstilar upplever en renässans över hela Europa (Schweiz, Österrike, England, Bayern, Norden m fl.), slow food-rörelser, hantverksmässor, musik o s v viskar om behovet av ett arketypiskt narrativ. Den enbart förnuftsbaserade socialdemokratiska humanismen eller den vinstbringande liberalismen är kostymer den västerländska människan vuxit ur, eller för att tala med Nietzsche och Frankl: Man har tappat bort sin Mening och sitt Varför.

Och förlusten av dessa existentiella kulturkonservativa kompasser har slungat den moderna människan ut i en vidsträckt libertinsk och nihilistisk öken.

Nu är hon på väg hem.

Wittenberg

Det är en vacker och mycket mild afton när vi anländer till den lilla staden Lutherstadt Wittenberg i östra Tyskland. Staden vilar i ett lugn som passar vår biltrötta familj alldeles utmärkt. Människor rör sig, samtalandes, på gatorna i den lilla stadens tempo, tar sig tid att stanna upp inför restaurangens eller Bierstubens gatupratare med erbjudanden om schnitzel, wurzt och suppe av alla tänkbara tappningar. Självklart gör man även reklam för ett specifikt bryggeri som är knutet till verksamheten. Och alla verkar ha sin favorit.

Vi har bokat in oss på ett bryggerihotell i en byggnad med anor från 1500-talet och där man givetvis hyllar traktens store son, Martin Luther, med både citat, tavlor och ett alldeles eget öl. Vi placerar raskt våra väskor uppe i det lilla vindsrummet, möblerar om något efter yngsta dotterns önskemål (en fem och ett halvt-åring kan ha mycket stark vilja) och traskar sedan den långa trappan ner till hotellets innergård för en trivsam kvällsvard. Här, mellan de vitputsade fasaderna, de romerskt inspirerade pelarna och den lilla springbrunnnen flödar det internationella samtalet. Fransmän, amerikaner, svenskar och tyskar pratar ganska högljutt, barnen springer omkring mellan borden av snirkligt gjutjärn och vår lilla inredningsarkitekt äter raskt upp sin mat och påbörjar ystra lekar. Min hustru och jag ler mot varandra när våra blickar försjunker i barnens lekar, tidlösa skratt och upptåg. Den äldre systern söker med tonåringens nyfikna men oroliga ögon efter sin plats i det hela. Tonåringen, som med en blandning av styrka och nyfikenhet, vill ta sig ut i världen, men hyser oro över att helt förlora ursprungets trygga fotfäste. Jag försjunker i tankar, vilket är lätt hänt på en så historiskt episk plats som Wittenberg. På vägen hit passerade vi Lützen. Stannade till för ett besök på Gustav II Adolf-muséet med tillhörande kapell. Här skall tysk turistindustri ha ännu en eloge: vid varje större minnesmärke eller historiskt betydelsefullt monument av värde, finns en lekplats för barn! Vilket gör att man får gott om tid att kontemplera historien. Yngsta dottern föredrog dock att sitta på pappas axlar och följa med på rundvandringen.

Vid besök i Wittenbergs slottskyrka med tillhörande museum blev hon alldeles som uppslukad av ett modernt oljeporträtt av en gravid Katharina von Bora i lång karmosinröd klänning. Hon studsade in i det avgränsade området och den mycket trevliga personalen följde med henne in till porträttet som fångat hennes nyfikenhet och intresse. Hon stod nog där gott och väl i tio minuter alltmedan personalen informerade om vem som var avbildad. Den bilden, när ens lilla dotter står inför ett porträtt som utstrålar kvinnlighet i djup och renaste essens, det mänskliga livets största mysterium och dess välsignelse, formulerade inom mig en varm tillit till Varandets och Livets grund.

Konsten som uttryck för det djupast existentiella och som religiös/ teologisk betraktelse.

Även arkitekturen har en betydelse här. På många plan. Stadens och landsbygdens utformning relaterat till boende och mänskligt liv, gårdar, kyrkor, handelsbodar, torg, militära fortifikationer, politikens och ekonomins centrum har, historiskt, omgärdats av arkitektonisk omsorg och nästintill ett organiskt uttryck med ornamentik, pelare, kapitäl, stuckatur, torn, burspråk, ur, kyrkklockor, pilastrar, trädgårdar och på så vis format en visuellt levande stad eller by. I de här miljöerna möter det kulturella ursprunget, den arketypiska identiteten och essensen, samtiden och blickar, holistiskt, mot framtiden. Det är miljöer som skapar och samtidigt uttrycker identitet och kontinuitet. Här har människors liv djupa rötter, en levande form av historisk trygghet att utgå ifrån och att orientera efter.

I byn finns ett historiskt levande respektfullt uttryck för vinbondens värv, den lokale banktjänstemannen, läraren, polisen, byprästen och doktorn. I staden finns motsvarande uttryck dessutom även för studenten, bryggaren och allt emellanåt även för industrialisten/borgaren. Sammantaget bildar de en enhet, ett uttryck för en kultur och ett sammanhållet samhälle som vuxit fram genom seklerna.

Och människorna är sin egen kulturs trädgårdsmästare.

Deplorables- den konservative rebellen

Självklarheten i att det förekommer idéer relaterat till social position är ingenting nytt. Det är en utbildnings - och bildningsfråga, så som det alltid varit i historien. Och det är extra tydligt idag när den politiska, ekonomiska och sociala makten i det västerländska samhället på allvar tycks lämna den industriella arbetarklassen bakom sig. Kombinationen av kunskapssamhälle, relativt höga skattetryck, prishöjningar av drivmedel, lönekonkurrens på arbetsmarknaden (bland annat på grund av arbetskraftinvandring), arbetslöshet, urholkad välfärd, ekonomiska svårigheter för pensionärer, långtidssjukskrivna och funktionsnedsatta och ett krav på fullständig förändring av livsstilen (en livsstil som anses hopplöst förlegad, miljöskadlig och, ja osmart (glöm inte Michael Moores " korkade vita män") har fött någonting som närmast kan beskrivas som en självförsvarsreaktion. Vänsterliberal politisk och medial kritik av arbetarklassens vanor, ofta baserad på vetenskap, upplevs som ett hot mot den enskildes existens. I princip anses arbetarklassen, genom sina vanor och livsstil, vara ett miljöhot, ett hot mot utveckling, jämlikhet, ja en "somewhere" för att prata med journalisten David Goodhart eller betraktas som en skadlig deplorable (Hillary Clinton).

Det är samma arbetarklass som en gång i tiden utbildades för att kunna förvärvsarbeta och konsumera det marknaden producerade. I ledningen för den samhällsutvecklingen befann sig ett flertal högutbildade politiker, socio- och nyliberala ekonomer och mediala aktörer. Självklart fanns det viss variation i synen på arbetarklassen. Antingen skulle den bildas i socialdemokratisk riktning, för medinflytande och medägande i konsumtion och kooperation eller så skulle den vara glad över sin plats, gällande avtal och möjlighet till just konsumtion (eller realt : båda i kombination).

Av stor vikt är även, sett över tid, arbetarklassens begränsade engagemang i akademisk bildning. Faktum är att det är ett procentuellt litet antal individer med föräldrar i arbetarklassen som går vidare till högre eftergymnasiala studier. Och, för att prata med Gramsci: studier och akademi är viktigt för hegemoni.

Och nu efter en tid av vänsterliberalt politiskt paradigmskifte, eller kanske snarare paradigmrevolution, med mycket välformulerade krav på förändring avseende genusfrågor, konsumtionsvanor, energi-och miljöpolitik, migrationspolicy, postmodernistisk uppluckring av traditionella kulturella begrepp och sedvänjor mm, tvingas den agendasättande vänsterliberalismen att konstatera att man lämnat en mycket stor del av befolkningen bakom sig.

Man har tappat arbetarklassen, men man förlorar även stora delar av den hårt kämpande medelklassen där oron för brott i närområdet eller mot person ökar, man tappar stöd från företag som upplever försämrad stabilitet i områden där man har sin produktion eller försäljning, man tappar klassiska akademiker som upptäcker en mycket låg takhöjd inom vissa akademiska discipliner (där identitetspolitik, genuslitteratur, kränkthetskultur och triggervarningar underminerat det mesta av den fria klassiska bildningen).

Det är i det här läget som arbetarklassen nu söker sin egen berättelse och gör det utifrån vad den upplever legitimerar den och ger den sociokulturell, politisk och ekonomisk stabilitet: konservatismen. Man ser det lilla civilsamhället, den lilla kyrkan, fotbollslaget, jaktlaget, sommarstugeföreningen, men även nationen (och dess symboler) polisen, försvaret och kungahuset som grundbultar i det samhälle som i decennier varit under attack av progressivt intellektuellt tankegods; attacker med fokus på en diffus internationalism, mångkulturalism, påståenden om att den egna kulturen egentligen inte finns, att protester mot uppluckringen av den värld man känner till är att betrakta som allt ifrån fascism till rasism.

Den progressiva idévärldens förespråkare adapterade till identitetspolitik och ekonomisk liberalism, arbetarrörelsen lämnade sitt ursprung bakom sig och, som Torbjörn Hållö slog fast, att arbetarrörelsen egentligen borde vända sig till arbetarklassen och säga: "Det var inte ni som övergav oss, det var vi som övergav er".

Men det är ju i striden som vännerna prövas och nu förlitar sig således arbetarklassen på sådant som den faktiskt, demokratiskt, kan besluta över själv: Det lilla civilsamhället. En genomgående konservativ idé om en slags kämpande individualism på traditionell, demokratisk och frivillig grund och som omsluts av en stark stat som fokuserar på sina kärnuppgifter.

Konservatismen- lite som livet självt

Det finns en grundläggande, i princip arketypisk, kärlek till naturen. Den är djupt mänsklig och enligt de senaste arkeologiska rönen så har den tagit sig uttryck hos oss i minst 45 000 år, tidigt och i form av grottmålningar med jaktmotiv. Givetvis inte i någon romantisk naturlyrisk form, men däremot som ett religionsfilosofiskt, med förekomst av människokroppar med djurhuvuden (det kan ju även handla om kamouflage, men bedöms vara ett uttryck för religion/mytisk föreställningsvärld).

Naturen är vårt ursprung, rent evolutionsbiologiskt, och för givetvis med sig att vi är en anpassad/adapterad organism med hög intelligens och med förmåga att skapa civilisation. Här är det viktigt att förstå att vår natur föregår skapandet av civilisation. Vi vet att vår naturs höna föregår vår civilisations ägg. Tanken på civilisationens hegemoni eller till exempel det marxistiska credot om att produktionsförhållandena (och även produktionsfaktorerna) skapar dem vi är, håller inte riktigt streck. Förvisso är vi som individer en konsekvens av arv och miljö, men till skillnad från arvet, vårt DNA, så är miljön mycket föränderlig sett per tidsenhet. Och, vid varje förändring av mer kaotiskt och destruktivt slag, verkar det som att mänskligheten bygger upp relativt artspecifika strukturer avseende makt, maktfördelning, etiska/moraliska regelverk avseende liv, död och sexualitet med mera, existentiella uttryck som religioner, myter, mystik, kulturella dramer med teater, dans, litteratur och traditioner relaterat till lokala meteorologiska och geografiska förhållanden. Och vid sidan av detta vet vi att vi har, i alla kulturer, en längtan, både konstnärligt, kulturellt och vetenskapligt efter naturen och det naturliga (Rousseau med flera). Vi vet även, vetenskapligt, att vi läker snabbare efter till exempel sjukdomar som hjärtinfarkter eller depressioner om vi vistas i / exponeras för naturen.

Givet detta är vi till stor del präglade av ett mer eller mindre cykliskt årstidstänkande, eller snarare upplevelse av det cykliska. Vi knyter gärna våra livshändelser över generationers ålderstrappa, förlägger viktiga händelser som t ex prisutdelningar (Nobelpriset), melodifestivaler och mässor

på fixa och återkommande tider, vi följer ett slags årshjul, delvis p g a att det faktiskt relaterar till det astrofysikaliska faktum som omger oss: jordklotets resa runt solen, men också för att vi intellektuellt förstått detta, systematiserat det och anpassat våra liv efter det (som alla andra arter men på en intellektuellt högre nivå). Rent teoretiskt sett kunde vi ju resonerat som att varje årsvarv skulle utmynna i ett slags linjärt utvecklingskliv/-hopp, men gör det i grunden relativt sällan. Här kan det vara av intresse att notera att de stora monoteistiska religionerna, på samma sätt som t ex marxismen, har tankegångar om en slags början(skapelse), pågående skede och ett slutmål. Detta bryter av mot mer lokal religiositet/ föreställningsvärldar som präglas av t ex jordbruk och jaktsäsonger. Rent vetenskapligt har vi ju en "start", en singularitet, i form av Big Bang och därefter en utvecklings- och expansionsprocess och ett något svårdefinierat "slut". Men, i den "linjära" processen existerar den "cirkulära" i form av att planeter, genom gravitation, har sina omloppsbanor, galaxer spiralformer och rotationsmönster etc. (Lite som DNA: det linjära vrider sig cirkulärt runt sin egen axel). Den här modellen har, intressant nog, bildligt, vissa likheter med ett konservativt synsätt, där man cykliskt bevarar tradition och kultur, parallellt med att man reformerar sig långsamt linjärt. En strikt radikalitet/progressivitet missar hela det cykliska förloppet i sin ambition att hålla fram ett linjärt förståelsemönster och blir rent abstrakt och verklighetsfrämmande på samma sätt som den genuint fundamentalistiskt/ reaktionäre blundar för det linjära och stagnerar i det cykliska.

Liberalkonservatismens behov av konservatismen

Att skilja mellan tro och vetande har sannolikt varit mycket betydelsefullt för västerlandets utveckling. Den vetenskapliga revolutionen lade grunden till att mänskligheten fick verktyg, bildligt och bokstavligt, att förstå och förändra världen. Med Galilei, Francis Bacon och därefter Newton, Mendel, Darwin med flera, blev det viktigare att fråga "hur" saker sker än "varför".

Vetenskapen frikopplades från de existentiella frågeställningarna och vilade på det bevis-och upprepbara. Man konstruerade tele-och mikroskop, studerade anatomi och ärftlighetslära och förståelsen av verkligheten blev intellektuellt förståelig och gripbar. Mänsklighetens förståelse av sig själv och sin omgivning kom alltmer att präglas av atomism, individualism och rationellt tänkande. De gamla institutionerna kom att förlora i betydelse, stod utan svar i centrala frågeställningar och utgjorde emellanåt ett direkt hinder för de krafter som kom att sättas i omlopp. Den påföljande industriella revolutionen med dess förändrade synsätt på ägande, produktion och sociala gruppers relationer till varandra, förvandlade samhällen, gav upphov till nationalstater, internationella erövringar, kolonier och en gigantisk produktionsökning av både tidigare och nyuppfunna varor på en global marknad i vardande. Parallellt med detta växte de än idag stora politiska ideologierna, socialism, liberalism och konservatism, fram. Och i takt med den utvecklingen kom även tanken på det sekulära samhället att ta form i Europa. Marxismen och liberalismen är konsekvenser av revolutioner: den vetenskapliga, den industriella och den franska. Det är tre, för mänskligheten, stora och betydelsefulla revolutioner, vilka var för sig och tillsammans, radikalt och på djupet förändrat mänsklighetens livsvillkor.

Och det på ett sådant sätt att vi till slut inte kunde föreställa oss att verkligheten kunde utvecklas på ett annat sätt än genom kontinuerliga förbättringar (vilket på många plan faktiskt bär på en viss sanning, se Rosling)

I ljuset av dessa progressiva tidsåldrar stod sig konservatismen som fristående ideologi slätt och bedömdes som helt obsolet. Den överlevde, på sparlåga, i symbios med liberalismen och fungerade allt som oftast som ett slags "nationalstatens kulturhistoriska paraply" och utan egen livskraft.

Den överlevde dock, i någon form, hos några politiska filosofer i den akademiska periferin, men även i folkdjupen. Traditioner, högtider, kyrka och kungahus fick och får starka sympatier i folklagren i opinionsundersökningar. Lite förenklat kan man kanske säga att det har ett slags trygghetsskapande affektionsvärde. En mer komplex förklaringsmodell skulle kunna vara att människan psykologiskt bär på ett arketypiskt "organisationsschema" utifrån vilket hon som biopsykologisk organism organiserar sin sociala verklighet. Som en inre längtan efter ett organiskt och naturligt tillstånd.

Det här med de centrala sociala institutionerna, som plattform och villkor, för individens frihet (kombinerat med enskilt ägande) utgör en grund i bl a den nyligen framlidne Sir Roger Scrutons konservativa tankevärld. Han, precis som Edmund Burke, lyfte fram de traditionella statliga kärnstrukturerna och såg dem som garanter för individens frihet. Sett utifrån deras perspektiv blir nog den klassiska anglosaxiska konservatismen lite av det vi idag definierar som liberalkonservatism. Fri forskning, öppet debattklimat, akademisk frihet och därtill hörande dynamik är adelsmärken för ett liberalkonservativt synsätt på universitetsvärlden. Organisationen, hierarkierna och det meritokratiska ramverket bevaras och stimulerar den fria tanken, nyfikenheten och utforskandet av tillvaron.

Det är ett synsätt som är väsensskilt från den auktoritära statens synsätt på utbildningsinstitutioner som en struktur för indoktrinering eller utövande av makt, det är väsensskilt från idéer om att norm-och genusteori i kombination med teorier om intersektionalitet skall utgöra styrdokument för idébildning och det är även väsensskilt från tanken på att institutioner för högre bildning är revolutionsplattformar där all hierarki skall vändas upp och ner; och det på ett sådant sätt att den som faktiskt vet något tvingas att anpassa sig till och efterfölja de som är där för att lära sig något. En enklare historisk översyn visar ju just att den traditionella universitetsstrukturen i allt väsentligt lyckats producera en historiskt oöverträffad mängd naturvetare, filosofer, medicinare, jurister, teologer mm.

Det är en modell som man bör vara ytterst försiktig med att förändra och endast i de allra nödvändigaste fallen tillåta sig förändringar med moderation.

Sett ur ett svenskt perspektiv har dock inte liberalkonservatismen varit uppgiften mäktig, detta då den under decennier, både självmant och i allians, drivit på för vänsterliberalisering och en globaliserad kapitalistisk orientering.här är det viktigt att dra en skiljelinje mellan marknad och global storföretagskapitalism.

Liberalismen och högersocialdemokratin har succesivt lyckats sälja ut statliga kärnfunktioner i en rasande takt; kombinerat med ett flertal avregleringar: Banverket, Domänverket, Televerket, Vattenfall, sjukvård, Apoteket, pensionsreformer etcetera. Oaktat om det rent ideologiskt måhända har varit korrekta beslut, så har hastigheten i processen varit så snabb att man skapat en samhällelig oro och inom vissa områden direkt instabilitet. (Ytterligare en svaghet är att man fullständigt försummat tillväxt och mognad av civilsamhället. Det Sverige behöver är lokala apotekare, stiftelser och etablerandet av mindre familje-/generationsföretag. Här är bland annat Tyskland och Österrike goda förebilder).

Kombinerat med globalisering, vänsterliberala migrationsöverenskommelser, formerandet av utanförskapsområden med mera, har vi tyvärr fått ett segregerat samhälle, vars ledning allt oftare förlorar både orientering och styr- och reglermekanismer.

Det här är nog en relativt viktig anledning till att Moderaterna har så svårt att återvinna ett djupare folkligt förtroende: den "liberala falangen" finns kvar där och vid eventuellt regeringsinnehav så fruktar man att dessa kommer att fortsätta in på en nyliberal bana, efter ett eventuellt regeringstillträde. Sannolikt är detta relativt ogrundat; den konservativa analysen har fått ett större momentum inom Moderaterna i dagsläget och partiledningen orienterar sig mot en funktionell fogyta mot SD.

Frågan är bara vilken sorts konservatism som man de facto orienterar sig emot? Hur pass väl omhändertagna är Edmund Burke, Sir Roger Scruton, Oakshott och Hegel i de moderata leden? För att uppnå största möjliga och effektiva resultat föreligger det ett generellt behov av konservativ samhällsfilosofisk renässans; något som man kan hoppas att till exempel tankesmedjan Oikos kan bidra till.

Konservatismus an sich

Även om jag allt emellanåt kan finna det roande att fundera över den katolska socialläran, kristdemokratisk personalism, liberalkonservativ förståelse av marknaden och socialkonservativa förklaringsmodeller av behovet av en stark, avgränsad och välfungerande stat med socialpolitiska förtecken, blir det allt tydligare för mig att de alla har sin funktionella politiska filosofiska rot i en "Konservatismus an sich", en djupare rot, och att de senare endast är uttryck för olika miljöer.

Att vara rädd om det som tidigare generationer byggt upp, strukturer och institutioner som visat sig fungerat väl i både århundraden som årtusenden, är centralt för den konservative. Väl medveten om hur lång tid, hur mycket möda och långtråkig ansträngning som många gånger ligger till grund för ett väl fungerande universitet, ett regemente, ett väl fungerande och i folkdjupet förankrat kungahus eller en kyrklig tradition, slår den konservativt sinnade människan vakt om tidigare generationers herkulesbragder; och det just för att kunna föra dessa vidare till kommande generationer på ett sådant sätt, att man knyter ihop, odlar, kultiverar det mänskliga livets existentiella, kulturella, vetenskapliga, teologiska och filosofiska gärningar genom tid och rum.

Den insikten förutan hamnar vi i en endimensionell och rotlös ökenvandring; och det är den främsta anledningen till att renodlad nyliberalism med sin rastlösa och resurskrävande "shop to you drop"-mentalitet och det socialistiska skrivbordsfilosofiska plantänkandet inte kan resultera i en för människan fungerande biotop.

I Sverige har moderat politik ofta handlat om att bevara statliga kärnvärden och individens frihet i, och motstånd emot, ett artificiellt tillrättalagt samhälle; ett värn mot en subtilt auktoritär socialism.

Kristdemokratisk politik, med sina rötter i den katolska sociallläran, har pekat på subsidiaritet och den teologiska och filosofiska reflektionen i en politisk kontext.

Och, vid sidan av dessa två har Sverigedemokraterna vuxit fram och utkristalliserat sig som ett parti vilket månar om traditionell kultur, ja folkets kulturtradtion, kamp mot oikofobi, legitimerande av nationalstaten och dess rätt till demokratisk autonomi/praktisk subsidiaritet i ett globalt perspektiv.

Var och en för sig bär de upp essentiella och centrala delar av den konservativa politiska filosofin, och jag tror inte att något annat hade varit möjligt i Sverige. Som tidigare omnämnts har konservatismen som sådan fört en tynande tillvaro i politikens utmarker fram tills för cirka ett decennium sedan.

Mot bakgrund av ansvarslös migrationspolitik och oikofobisk mångkulturalism med tillhörande problem, tror jag att det är rimligt att hävda att en konservativ reaktion mot detta, med personer som Mattias Karlsson i SD, Ivar Arpi , Paulina Neuding, Thomas Gür, Alice Teodoresceu och Dick Erixon m fl, har vuxit fram och varit så pass ideologiskt betydelsefull att den i grunden förändrat det politiska landskapet i Sverige.

Socialism, vänster-och nyliberalism och deras olika uttryck i form av teoretiska ekonomistiska modeller, identitets-och genuspolitik, postmodernistiskt relativiserande och allmänna subjektivsm har inte haft någon folklig förankring. Reinfeldtska försvarsdoktriner, blocköverskridande migrationsöverenskommelser, blixtsnabba utförsäljningar av statlig egendom, nedmonterandet av nationalstatskonceptet till förmån för globaliseringsprojekt, förstörda och tömda beredskapslager, EU-anpassning och mångkulturalistiska experiment, framväxt av ett prekariat, utanförskapsområden, ökad förekomst av tung gängkriminalitet på etnisk grund, försämrade Pisaresultat i skolorna, förnedringsrån, gymnasieamnestier, terrordåd utförd av en individ utan rätt till vistelse i landet (samtidigt som man stoppade Reva-projektet), ett flertal partier infiltrerade av politisk islam (fr a C och Mp), hederskultur, uppenbar felrapportering av omständigheterna runt apatiska flyktingbarn, orimligt hög arbetslöshet relaterat till grupper med utomeuropeisk bakgrund och i dagsläget undermålig beredskap i en viruspandemi; ingenting av detta hade existerat i Sverige idag om de senaste tio-femton åren präglats av konservativa regeringar och enda sättet att få någorlunda ordning och struktur på landets framtid är minst ett decennium med regeringar med uttalat protektionistisk konservativ bäring.

Att det i grunden handlar om nationens långsiktiga funktion och överlevnad har i princip hälften av landets befolkning insett idag; opinionen har, med sympatier för M, KD och SD aldrig varit så stark för en uttalad konservativ och nationalstatsbevarande politik.

Prag

Som ung student åkte jag, strax efter öststatssocialismens kollaps, till Prag. Mitt besök hade mest sin grund i en vurm för en slags bohemisk, tendentiöst anarkistisk och kulturell Milan Kundera-hype. Med grungemusik som Nirvana och Pearl Jam i hörlurarna var jag redo att besöka konstutställningar, rockklubbar och dricka billig god öl i en, som jag föreställde mig, stilrent punkig postkommunistisk verklighet.

Det blev inte så. Jag bodde på ett litet hotell i ett gammalt burget villaområde med stora läkar-och advokatvillor från 30-talet, alléer, parker och en mjuk doft från ved-och brunkolseldning. Efter en mycket kort promenad från hotellet nådde man en liten smal port i ringmuren och när man passerat genom det lilla valvet möttes man av en sagolikt vacker stad med husgrunder från romartiden, slottsbyggnader, tornspiror, kyrkor och små synagogor.

Det blev många och långa promenader över kullerstenarna i slitna Converse, besök på det gamla ärevördiga Karlsuniversitetet med sin fanprydda aula, samtal med människor som var stolta över sitt land och dess historia. Jag drack té och åt fantastiska små kakor på konditorier fulla med folk. Där satt officeren i sin uniform och diskuterade något med en kostymklädd herre, alltmedan de skålade i konjak. Och oklanderligt klädda damer drack kaffe ur små väldekorerade porslinskoppar bredvid kedjerökande och intensivt diskuterande ungdomar i trasiga jeans och T-shirts med politiska slogans.

Och jag tog en längre avstickare upp till de magnifika Teologiska och Filosofiska salarna, barockkonstverket uppe på kullarna ovan staden, vilka erbjöd mig en magnifik utsikt över tinnar och torn och insikter jag glömt bort att jag en gång haft en längtan efter.

Besöket på den judiska gamla kyrkogården, med sina lutande och till samtal inbjudande gravstenar, förde mig med mjuk hand in i en inre dialog och den gamla synagogan koncentrerade historiens linjer till ett begripligt fokus att kontemplera över.

Upplevelserna var inte omvälvande på ett sådant sätt att de förvånade mig. Jag visste sedan min barndom att jag kände mig dialogiskt nära gamla mossbelupna träd, kantstötta grindstolpar, övervuxna dammar och annat som omslöt mig hemma i min mormor och morfars trädgård. Däremot förpackade jag upplevelserna ömsint och la dem i minnets bibliotek på ett sådant sätt att de inte kom att skava mot min unga människas radikala och asymmetriskt upproriska sinnelag. Inte där. Inte då.

Kanske inte senare heller. De unga årens radikalitet kom att med tiden mest att upplevas som en något trång klädedräkt i vilken tankar, känslor och insikter inte längre fick plats (nej, de åren har inte kastats på någon "intellektuell sophög". Även de har sin plats i minnets bibliotek och passeras ibland med ömsint nostalgi. Alla bitar har sin plats och ja, jag är ju konservativ, så någon gång kommer de, i retrospekt, att få sin plats och djupare förklaring i försöken att förstå livsväven).

Förutom det kulturella och estetiska välbehaget var det framförallt två saker som kom att stå klart för mig; förekomsten av en nationell identitet, att det funnits en historia, en levande berättelse och ett djupt rotat referensmönster under den sociala konstruktion som den "vetenskapliga socialismen" gjort allt för att asfaltera över och en fascination över hur oerhört snabbt mycket av byggnader, samtal och åtbörder verkade återgå till ett naturligt liv, ett liv som funnits där innan invasion, sovjetvälde och mentalt förtryck.

Betraktat med mina vuxna ögon kan jag förstå det som att jag kom att internalisera insikten om att konservatismen verkligen ligger i människans natur. Senare besök i Ungern, Polen, Baltikum och de östra delarna av Tyskland har visat på precis samma sak: efter de artificiella experimenten växer ett naturligt samhälle fram, på samma sätt som naturen tar över efter det att gamla industrier blivit nedlagda.

Den antika idén om demokrati, naturliga hierarkier, mångfald vid universiteten, traditionella fester och högtider, folkdräkter, musik och litteratur, tryggheten och stoltheten i nationell identitet, kulturella symboler kombinerat med den fria tanken, innovation, försiktiga reformer och integrerad handel; eller för att uttrycka det med ett kärnfullt bayerskt motto:

Mit LapTop und Lederhosen!

Nu finns det givetvis de som vill invända att man i Central-och Östeuropa, i länder som Polen och kanske framför allt Ungern, numer vänder sig inåt i någon slags fascistisk variant och därmed slagit in på en väg bort ifrån en sund folklig konservatism. Orbans uppträdande under coronakrisen kan och ska givetvis ifrågasättas. Det vilar något generellt rastlöst och omoget över Fidesz sätt att hantera den senare tidens politiska utveckling. Till viss del kan det ha att göra med att man allt emellanåt känt sig tvingad att markera viss självständighet gentemot EU, en situation som kanske hade kunnat undvikas med ett mer konfederationsliknande unionsavtal (kanske hade varit klokt för många av de nya medlemmarna) och en större förståelse för Ungerns historiska kontext. Men, det finns en viss risk för att man under de senaste årens politiska strider och motsättningar olyckligtvis tillskriver en enskild person, landets premiärminister, för stor betydelse för den sunda folkliga konservatism som finns och alltid funnits där. Värt att komma ihåg är att Fidesz i viss utsträckning även är klämt, ideologiskt och realpolitiskt, mellan en modern arvtagare till pilkorsarna, Jobbik, och EU. Detta glöms emellanåt bort av externa bedömare, framför allt av personer som så att säga har "fascistglasögon" av "Arnstadtmodell"på sig vid varje politisk bedömning.

Den i djupet existerande folkliga konservatismen på katolsk grund, i historisk harnesk mot det Osmanska riket, med starka traditionella uttryck, är en vital realitet som överlevt både islams medeltida expansion, som del av dubbelmonarki, två världskrig, nazism och kommunism.

Normalfördelning
och funktionell generalisering

Generaliseringar kan vara funktionella och mycket av vår förståelse av verkligheten och vår förmåga att kommunicera våra upplevelser bygger på bilder med relativt låg upplösning. Och det av praktiska skäl. Rent vetenskapligt föreligger det till exempel biologiskt och psykologiskt mätbara skillnader mellan män och kvinnor. Det är ett faktum. Utifrån en klassisk normalfördelningskurva och kravet på begriplig mellanmänsklig kommunikation är det således, t ex, rimligt att vi utgår ifrån två kön. Vilket vi som regel gör. (Undantaget språkliga konstruktioner som "hen" och "en", vilket skapar en ännu lägre upplösning i det att man utgår från något "allmänmänskligt". Själva ordet "hen" berövar en läsare eller lyssnare en ingång till associativa tankebanor och lämnar intellektet i ett slags föreställningsvakuum)

Utöver dessa har naturen presenterat ett antal minoritetsvarianter. Dessa minoritetsvarianter existerar, men utgör som sagt uppenbara minoriteter, och kan inte genom sin karaktäristik utgöra en funktionell referenspunkt. Detta då det påträffas väldigt sällan och därtill många gånger har en subjektiv psykologisk grund och där definitionen inte är alldeles uppenbar för en utomstående betraktare.

Kön är naturens sätt att ombesörja fortplantning inom ramen för heterosexualitet för vissa arter. Könsindelning är rimlig återgivning även inom ramen för homosexualitet, begripet såsom att ett av de definierade könen attraheras av det kön det självt tillhör. Att inte rymmas inom dessa grupperingar skapar inget "nytt kön" utan bör rimligen definieras som "icke-bestämbart" (ib), tvekönad/mångkönad e dyl sett utifrån en biologisk klassificering. Förvisso är inte kunskapsområdet färdigutforskat och det är svårt med plurala begrepp och kategorier givna utifrån subjektiv psykologisk grund.men, det viktiga är att en subjektiv klassificering inte är optimal eller adekvat för en grundläggande mänsklig kommunikation, vilken ofta baserar sig på begripliga generaliseringar. Alternativet är ju att djupintervjua varje individ man har för avsikt att samtala med, men det faller på sin egen orimlighet. (Detta givet att generalisering ska kunna fungera som ett verktyg för orientering).

Så, att ha en grundläggande klassificeringsnorm underlättar vår förståelse av verkligheten. Att se majoriteter (t ex en granskog kan definieras som granskog även om det växer några lövträd här och var) hjälper oss både att förstå och att kommunicera.

Utifrån ett kulturellt perspektiv kan frågan givetvis få ett annat, mer högupplöst och djupare uttryck, men klassificeringen lämnar då den basalt funktionellt meningsfulla kontexten. Bortsett från registrering av att det naturligt förekommer individer inom arter som avviker från den statistiska normalfördelningen så krävs även former för detaljerad och djupare förståelse av dessa minoriteter och med den tillhörande nomenklatur; och det utan att ta bort den funktionella och kommunikativa generaliseringsmodul utifrån normalfördelningskurvan utifrån vilken vi normalt orienterar oss. Men, och det här är det absolut viktigaste: arttillhörigheten kvarstår och med det ett grundläggande människovärde! Det mest centrala, och sprunget ur den judeo-kristna kontexten, är ett universellt människovärde.

Givet detta är det även rimligt, både socialt och kulturellt, att vi som människor kan möta varandra både utifrån ett sannolikt normalfördelningsperspektiv (män och kvinnor, har generellt en högre statistisk sannolikhet att bli attraherade av varandra heterosexuellt än något annan kombination) samtidigt som vi slår vakt om människovärdet.

Att minoriteter i majoritetssamhället inte är representerade i samma utsträckning är ju just p g a att de är minoriteter. Om minoriteter ska ha samma genomslag som majoritetskulturen medialt, kulturellt och i reklamsammanhang kommer ju detta allt mindre kommunicera med den större samhällsberättelsen och så skapa en paradox som riskerar att resultera i parallella språkstrukturer, i värsta fall parallella samhällen. Att, som idag, nästintill tvångsmässigt censurera filmer, välta statyer, byta språk, förfalska historien och hålla fram minoriteter i oproportionellt stor utsträckning, noteras sannolikt av majoritetssamhällets breda folklager som både överdrivet politiskt korrekt och i förlängningen destabiliserande.

USA.s valspråk, E Pluribus Unum, från många till ett, har idag vänts till sin motsats: ur en till många. Och processen präglas av kontinuerliga konflikter.

55

Av synnerligen stor vikt är dock att ett bevarande av majoritetskulturen, ur ett genuint konservativt perspektiv, endast är värdefullt om den samtidigt baseras på en judeo-kristen princip om människovärdet.

Kristdemokratin

Kristdemokratin har sin grund i den katolska tanketraditionen och som sådan slår den vakt om familj, tradition, kyrka, civilsamhälle, försvar och socialt engagemang. Med sin idé om personalismen, en tanke som skär mitt emellan individualism och kollektivism, står den fortfarande relativt stark på den europeiska kontinenten, om än att den på senare tid fått konkurrens av andra familjemedlemmar i den konservativa familjen.

I Sverige uppvisar kristdemokratin en mer paradoxal struktur med två dominerande linjer. Den ena har sitt ursprung i en från Jönköping sprungen frikyrkomiljö och präglas av, en för den miljön på många sätt typisk, skepsis mot större hierarkiska organisationer, samtidigt som den många gånger kan vara ytterst värdekonservativ, så pass att den inom vissa områden tydligt har kommit att stå närmare den romersk-katolska tanketraditionen än den lutherska. Samtidigt finns en mer klassiskt konservativ inriktning, en inriktning som är kontinentalt katolsk och som förvaltar en slags bred sociallära, men också är påläst och medveten om Thomas ab Aquino, Aristoteles, Augustinus och den utveckling som tyska CDU/CSU genomgått.

Den senare falangen präglas i allt väsentligt av en kontinental och internationell utblick och har även varit den som drivit frågor om stramare migrationspolitik, satsningar på försvar och ordningsmakt samt utmanat traditionella vänsterliberala tankemönster med utgångspunkt från både tyska och franska intellektuella som Maritain, Mounier och Röpke,

Denna kontinentalt konservativa gren av svensk kristdemokrati har på allvar satt KD på den svenska politiska kartan, och många gånger verkar det som om (enligt undersökningar) att många sympatiserar med det grundläggande tankegodset och partiets profilfrågor, men ändå känner sig skeptiska; sannolikt beroende på kvarvarande föreställning om partiet som ett perifert "frikyrkligt abortmotståndarparti ". Att partiet dock har företrädare som Sara Skyttedal och tidigare Charlie Weimers samt att personer som Leif GW Persson röstat på dem kommer dock att, över tid, stärka den kontinentala identiteten. Det sannolika formerandet av ett konservativt block i Sverige kommer även att ge många väljare en möjlighet att orientera sig mot vad jag skulle vilja definiera som ett "humanistiskt SD" och även kunna attrahera ett relativt stort antal konservativa kvinnor.

I den konservativa familjen har den ofta relativt lätt för att göra upp och komma överens med Moderata samlingspartiet. I frågor som lag och ordning, försvarspolitik, EU och Nato är de i princip tvillinglika i sitt politiska DNA; och på sistone föresvävar det mig att KD de facto även lyckats "hjärtstarta" de mer konservativa krafterna inom moderaterna, så pass att man framgångsrikt kunnat vrida skutans ratt ur nyliberalernas händer. Detta har givetvis skett i ljuset av SDs framgångar, men utan Ebba Buschs lunch med Jimmie Åkesson hade inte de konservativa inom moderaterna vågat sig upp på kommandobryggan.

Givet den religionsfilosofiskt orienterade grunden för kristdemokratin hamnar man dock många gånger i såväl teoretiska som praktiska paradoxer. Det gäller mer allmänt kanske uppfattningen om partiet i de djupare befolkningslagren. Där finner man ofta föreställningen att man måste vara medlem i någon frikyrka för att kunna vara medlem i eller rösta på KD och där partiet många gånger, kanske förgäves, hävdat att det inte är ett "kristet parti".

Men även inom partiet föreligger en djupare splittring, inte minst när det gäller migrationspolitiken. Och här blir det ytterst komplext på såväl ett moralfilosofiskt som teologiskt plan. Den här frågan verkligen skär genom Västerlandet idag, politiskt, socialt, ekonomiskt och religiöst.

Som exempel på hur komplicerad frågan är kan vi ta Bayerns beslut 2018 att sätta upp krucifix i alla offentliga rum. Bayern är ett katolskt kärnland med mycket djupa traditionella katolska rötter och med en uttalad stolthet över den tidigare påven Benedictus XVI bayerska ursprung.

Efter den stora migrationsvågen 2015 fann man inom CSU ett klart behov av att markera sin katolskt kristna identitet, vilket slutligen, trots protester från Vatikanen, resulterade i "Krucifixbeslutet" 2018. Anledningen till protesterna från Vatikanen var att man starkt vände sig emot att använda krucifixet som en politisk symbol och framför allt i en migrationskritisk kontext.

Dock, skall tilläggas, har påven Franciskus I understrukit att man ej vill interferera med den politiska sfären. Sannolikt har man alltså endast, från Vatikanens sida, velat lyfta ut den kanske starkaste symbolen för kristendomen ur en politisk kontext. Och detta är givetvis svårt med tanke på att själva grundidentiteten i Bayern och det politiska partiet Christlische Soziale Union bygger på just den katolska tron. Man kan knappt se en byggnad som inte pryds av en Madonna eller ett skyddshelgon, än mindre kan man undvika de tusentals små kyrkor och kloster som präglar byar och landskap för att inte tala om alla helgdagar som firas och att München ofta beskrivits som lilla Rom! Därtill kommer nog inte krucifixen att betraktas som något negativt av immigranter med muslimsk bakgrund. De är nog relativt väl informerade om att de immigrerat till ett kristet land. Kritiken brukar, vilket Scruton så väl påtalat, oftast komma ifrån kulturradikaler som inte riktigt vill eller kan acceptera att vårt västerländska samhälle till mycket stor del de facto grundats på en romersk-katolsk kulturtradition.

Ytterligare av vikt är att den i kristdemokratiska kretsar ikoniske partiledaren för CSU, Franz Joseph Strauss, med egna erfarenheter av nazism, var noggrann med att understryka att "till höger om CSU är avgrunden", med referens till just sina erfarenheter.

I inledningen nämnde jag Matteo Salvini och Lega nord i Italien. Även de har föreslagit motsvarande "krucifixreform" som den i Bayern. Detta har lett till att man från Vatikanens sida markerat hårt och med samma argument som mot Bayern. Salvini har ett flertal traditionalistiskt katolska anhängare på sin sida (t ex kardinal Burke) och det går mycket klart att urskilja en skarp konfliktlinje även här.

Samtidigt har Vatikanen och påven Franciskus I klart och tydligt markerat mot Lega nord och Salvini i migrationsfrågan; samtidigt som Franciskus I konstaterat att inget land kan ta emot fler flyktingar än vad det klarar av; åter att detta ska förstås i ljuset av tillägget att kyrkan inte styr politiken.

Verkligheten är således snårig och sårig i ljuset av vår tids stora problem.

Inte blir det mindre problematiskt av att en annan av vår tids ödesfrågor, klimatet, hanteras på ett mycket heterogent sätt inom den konservativa familjen.

Och här uppstår även en slags paradoxal problematik, belyst på ett föredömligt sätt av journalisten Jesper Sandström i SvD, 16/7 2020; med en relativt självklar analys konstaterar han att även om det i forskarsamhället i princip råder konsensus om att växthuseffekten är människodriven, så råder det inte konsensus avseende åtgärderna. Här lyfts bl a nobelpristagaren i ekonomi, William Nordhaus, fram för att belysa att det kanske inte just är klimataktivismens lösningar som är de enda möjliga. Och genom detta blir miljöfrågan politik och som sådan givetvis angelägen för den konservative. Och här skulle jag vilja understryka att ett möjligt konservativt sätt att

förhålla sig till klimatfrågan inte alls behöver ligga så långt ifrån en del livsstilsförändrande åtgärder. Att vara återhållsam, förvaltande, återanvändande, agrart orienterad och med en utgångspunkt i att livet och naturen är en gåva, kan på många plan skapa en djupare och mer försiktig hållning av människan i hennes relation till naturen. Kanske det på något sätt kan illustreras med det etologen och zoologen Konrad Lorenz i ett TV-samtal uttryckte med att "Om man jämför hållbarheten i B F Skinners livsåskådning, skulle man upptäcka att bondekvinnan som tror på den obefläckade avelsen, på Vår Herre och all helgonen har kommit sanningen närmare än behavioristen."

Detta ska inte ses som ett uppgivande av ett naturvetenskapligt perspektiv, det tror jag alla som läst något av Lorenz förstår; utan mer som var naturvetenskapen hör hemma i människans existentiella förståelse av sig själv och hennes plats i universum.

Men, låt oss för ett ögonblick åter minnas den ortodoxt kristna kyrkans bild av Kristus som läkaren och kyrkan som sjukhus. Emellanåt kan man, som den protestantiske teologen Dietrich Bonhoeffer, finna Kristus i periferin, i det utsatta, i det som gått sönder på slagfältet, i det som tagit skada och blivit förvridet. Går man bortom evangeliernas bokstav och möter själva andemeningen och själsspråket, så träder det överbryggande fram, det som transcenderar polariseringen och re-ligierar: återför, läker samman, gör helt.

Det är inte i lärosatserna och dogmatiken som det stora sker utan i växelverkan mellan människor, den altruistiska ansatsen, i de sköna konsterna, i naturen. Just det som vi med sådan, nästintill obegripligt orimlig iver, river sönder och förstör.

62

Vetenskaperna meteorologi, klimatologi och oceanografi, med flera, är i allt väsentligt överens om mänsklig klimatpåverkan, att vi lever i en tid med risk för massutrotning av ett flertal arter vilket bland mycket annat resulterar i omfattande socio-ekonomiska förändringar som tvingar människor på flykt och misär; för kanske både en och två generationer framåt.

Här är bör, vilket jag tror Franciskus I eftersträvar, den kyrkliga traditionella linjen vara att sända ut sina "läkare till världen".

Att arbeta sakligt, vetenskapligt och logiskt för att minska den här världens lidande är en mission som gifter sig väl med såväl modernt "kulturkristet/humanistiskt" tänkande som med Laudato si och Vatikanens vetenskapsakademi.

Västerlandets yttre hot

När det gäller allt ifrån miljöinitiativ, forskning, etik med mera, tror jag att Västerlandets stora traditionella kulturbärare är ytterst lämpade att förvalta dessa frågor. Om än att vissa spänningar kommer kunna noteras på vägen.

De stora traditionerna och dess nationer, kanske framför allt Tyskland, Frankrike, USA, Storbritannien och Italien, har möjlighet att jobba med ett flertal frågor parallellt, arbeta med forskning, kultur, ekonomi, miljöfrågor mm utifrån sina klassiska institutioners historiskt djupa moralfilosofiska rötter. De har både kunskapen, erfarenheten och driftigheten, parad med ett djupare kontextuellt tänkande än några andra samtida kulturer (i korthet: Kina saknar ett historiskt systematiserat vetenskapligt tänkande och har importerat, kopierat och industrispionerat fram ett antal olika modeller för att expandera ekonomiskt, militärt och politiskt. Det den klassiska upplysningsfilosofin (J. Locke, J S Mill, Jordan Peterson och Steven Pinker) bidragit till och bidrar med saknas fullständigt. Likaså ett etiskt och moraliskt raster av såväl utilitaristiskt som deontologiskt snitt; och då betraktat ur ett klassiskt västerländskt perspektiv, ej ett auktoritärt marknadsmaoistiskt dito. Det är den troligaste orsaken till att vi kunnat se omfattande miljöförstöring, oetisk stamcellsforskning, undermålig djurhållning, juridiskt övervåld mot Hongkong, demokratiskt underskott, påverkansoperationer och lögner och undermålig hantering av en viruspandemi. Att kombinera detta med en urstark ekonomi och AI är ett reellt hot mot Västerlandet och dess grundläggande värderingar.

Dessutom utgår man ifrån ett materialistiskt och mekaniskt synsätt på livet och naturen och är kontinuerligt egoistiskt pragmatiskt orienterat. I princip säger man: vi gör allt på våra egna villkor, oaktat konsekvenserna, så länge vi behöver det.

Här har EU och Sverige agerat konservativt och protektionistiskt föredömligt genom att t ex försvåra och stoppa kinesiska uppköp av europeiska företag.

Ryssland utgör en annan typ av hot genom en kombination av geopolitiska, primärt militära, ambitioner och en ideologisk nostalgisk introversion. Här är snarare ambitionen att rekonstruera en världsordning än att konstruera en ny. Och rekonstruktionen av maktperspektivet ikläds en språkdräkt, som reaktionär i sin syftning, omges av "fake-konservatism" och återupptagande av sovjetisk symbolik.

Det är givetvis inget konstigt att den gamla ryska nationen upplevde Sovjetunionens kollaps som en både existentiell och reell politisk kris. Och värnandet av historien, kyrkan och dess traditioner kom nog att bli i mångt och mycket den "sista sammanhållande länken". Men, det är i det putinska "idélaboratoriet" med personer som Alexander Dugin som chefsideologer, det hela blir ett hot för Västerlandet: den sovjetiska strävan att sprida den socialistiska läran på ett globalt plan har ersatts av en strävan efter att endast "make Russia great again" och där den enda bärande idén egentligen är makt, lokalt och globalt.

Det här avviker radikalt ifrån den insiktsfulla typ av konservatism i rysk tappning som t ex Alexander Solzjenitsyn stod för. Ett timrande av en nation byggd på djup kultur och ortodoxa traditioner; till för den andliga traditionen och ej som ett politiskt slagträ, och ett odlande av filosofi och akademiska traditioner utifrån idén om att det skulle utgöra ett bålverk mot ytlig materialism och laissez-faire kapitalism, något Solzjenitsyn betraktade som ett hot mot det moder Ryssland han återvände till efter sin exil i USA.

Ett annat konkret och uppenbart hot mot den Västerländska kulturen är givetvis islamismen.

Här har vi ett stort och genuint problem i det att såväl liberaler som den mer militanta kulturvänstern ställer sig på det reaktionärt dogmatiska och religiösa förtryckets sida mot vad man identitetspolitiskt och intersektionalistiskt definierar som "de vitas förtryck". Det är samma typ av ohelig allians som kunde noteras under den iranska revolutionen och där den shiitiska islamismen till fullo utnyttjade och utmanövrerade den marxistiske revolutionsbrodern. Kain slaktade Abel utan att blinka, men först efter segern.

Den här typen av identitetspolitik (ofta kombinerat med genusdoktrinen; och här blir paradoxen nästan löjeväckande paradoxal: när feminister gör gemensam sak med islamister i hijab och strikt religiös uppdelning av könen med kvinnlig underordning), intersektionalitet, liberal migrationspolitik och klasskamp som bejakar krafterna i militant islamism, vars syfte är världsherravälde, polariserar och försvagar nationalstaten. Och det är inte en slump att man ifrån både Kina och Ryssland riktar in sig på dessa områden i sina psy.ops mot väst.

Ett konfliktfyllt väst med polariserade nationalstater står högt upp på både Rysslands, Kinas och det i Mellanöstern makthungriga Irans agenda.

I ett sådant läge blir givetvis behovet av en stabiliserande och harmoniserande konservatism oerhört stort.

Carl Gustav Jung- en konservativ nyckel

Människan som art har begränsningar. Biologiska och psykologiska begränsningar. Vår hörsel är inte den bästa i djurvärlden, vår syn går inte att jämföra med örnens, vi springer ganska sakta i jämförelse med geparden och vår muskelstyrka är mycket begränsad i jämförelse med en gorillas. Men vårt intellekt tillåter oss att kompensera för detta; vi tillverkar parabolantenner, teleskop, flygplan och grävmaskiner för att kompensera för våra biologiska svagheter. T o m fortplantningen kan vi idag till stor del sköta artificiellt vid behov (rent teoretiskt och i laboratoriemiljö kan vi dessutom syntetisera artificiellt DNA).

Men hur ser det ut för den psykologiska kompensationen? Rent medicinskt har vi ju tillgång till både beteendeterapi på kognitiv basis, farmakologi och kanske meditationstekniker med mera. Men, hur ser det ut när det gäller optimering av redan befintliga resurser? Mindfulness, AI och ledarskapsutbildningar i all ära, men vi kan knappast säga att möjligheten, på individnivå, avseende optimering (vad nu det, egentligen, skulle kunna vara) av vår inre föreställningsvärld kommit särskilt långt.

Och här kommer ett delikat dilemma i dagen: någonstans föresvävar det mig att människans teoretiska intelligens och slutsatser begränsas av hennes psykologiska tillkortakommanden, på samma sätt som våra tankar att färdas med ljudets hastighet begränsades mekaniskt och måste framstått som absurt för en människa under 1800-talet.

Sett till den politiska filosofin, och för den själsligt sunda människan, borde onekligen idéer om ett ekologiskt hållbart samhälle, demokratiska beslutsprocesser, en verklighet som görs begriplig med vetenskapen som primärt verktyg, socioekonomisk stabilitet, logik, inflytande över sitt eget liv, själsligt välmående och andlig mognad vara det som bäst överensstämmer med en intelligent teoretisk verklighetsuppfattning.

Men vår intelligens är fångad av såväl den begränsning våra kroppar utgör (och för vilken vi kompenserar) som den bräckliga psykologi och socialpsykologi vår natur är utrustad med. Och i princip varenda intelligent ambition att "skapa" ett rättvist och socialt hållbart samhälle har strandat på "den mänskliga naturen".

Rent vetenskapligt kan vi konstatera att människan är en produkt av arv och miljö. Och jag bedömer det som att det konstaterandet var en punkt som till åtminstone hälften förbisågs av Marx och sedemera Engels när de med emfas slog fast att det är miljön/produktionsfaktorerna som primärt danar vårt beteende och ger upphov till produktionsförhållanden och mänskliga relationer.

(Måhända var det denna växelverkan mellan arv-miljö och viljeinriktning-psykologi som den italienske kommunistiske teoretikern Antonio Gramsci på något sätt försökte överbrygga genom sina tankegångar om hegemoni i "En kollektiv intellektuell". Enligt Gramsci så kan ett slags kollektivt intellektuellt medvetande (psykologiskt på djupet) implementeras genom att använda en slags romersk-katolsk metodik och se till att samhällets ledning genomsyras av ett socialistiskt tänkande; för att som sådan utgöra förebild för den övriga befolkningen. Genom en sådan process skapas en intellektuell-psykologisk förståelse för socialismen och den blir genom detta accepterad, önskad och upphöjd till folklig norm.

Men, i det verkliga livet så håller inte revolutionshjältarna måttet och den mänskliga själen verkar vara för komplex för att "skötas" och kultiveras enligt någon slags rätlinjighet. Och, utan att på något sätt slå fast (vilket inte låter sig göras. Dels för att ämnesområdet är för komplext och dels för att kraven på något slags objektivt mått på upprepbarhet kan vara svårt) att den schweiziske psykiatrikern Carl Gustav Jung hade rätt, ger åtminstone hans bildade teorier en antydan om människans psykologiska komplexitet.

C G Jungs teorier om arketypiska psykologiska moduler arbetar med begrepp som Anima och Animus, Självet, Individuation mm. Religionsfilosofiska grundresonemang, bilder och myter ligger djupt nedärvda i människans grundläggande förutsättningar för kreativitet och kognition enligt den jungianska teoribildningen. Och, sett ur ett historiskt perspektiv verkar det som om människan, globalt och i princip alla situationer konstruerar samhällen med en uttalad ledningsfunktion, religiösa institutioner, någon form av ordningsväsende och militär organisation. Rent principiellt verkar det alltså som, rent empiriskt, att vi som art kan ha ett grundläggande organisationsmönster, som ligger hårt bundet i vårt DNA, eller åtminstone på något sätt faller sig naturligt för oss.

Dessa etablerade sätt att organisera våra samhällen, på ett historiskt och globalt plan, korresponderar väl till de mer teologiskt färgade utsagorna om mänskligt liv formulerat av Augustinus och Thomas ab Aquino.

För den som inte är teologiskt eller religionsfilosofiskt/- historiskt bevandrad kan dessa föreställningar dock med lätthet återfinnas skönlitterärt hos t ex Tolkien, CS Lewis och i viss utsträckning även hos Marvel Comics; ordning mot kaos, kampen mellan gott och ont, historiska perspektiv, hierarkier och en transcendent bakgrund.

Och, när det gäller det "perfekta, jämlika och rättvisa samhället" så återfinns det kanske endast, och då i begränsad form, i någon slags klostertillvaro eller små harmoniska kibbutzer. Inte hela samhällen.

Det verkar alltså finnas ett slags universellt organisationsmönster där människan har en typisk modul som hon agerar efter som organism. Viss debatt har förekommit om människan har en slags "essens". Det har varit ytterst kontroversiellt. Själv har jag inte så svårt att föreställa mig detta. Det förhåller sig, enligt mitt förmenande, tvärtemot vad nobelpristagaren i litteratur, Jean-Paul Sartre hävdade när han skrev att "Existensen föregår essensen". Sartres tankegångar går hand i hand med John Lockes idéer om "Tabula rasa", att vi föds som oskrivna blad och att vi så att säga blir fyllda med innehåll över tid. Men, om det finns ett artspecifikt beteende-och organisationsmönster hos människan, ligger det med stor sannolikhet i vårt DNA. Och det på ett globalt plan. Förvisso finns det mindre kulturella undantag som ursprungsbefolkningar på trobrianderna, Ik-folket, vissa ursprungskulturer i Sydamerika med mera, men man kan ändå notera någon form av samhällsstruktur med regelverk, försvarssystem, metafysik, regler runt fortplantning mm. Och det i kontexter som inte varit i förbindelse med varandra. Och rent hypotetiskt, sett till de mindre skillnader som ändå finns, kan man tänka sig en slags biologisk premierande selektionsprocess, där en viss grundupplevelse av och anpassning till, den artspecifika samhällsorganisationen uppkommer.

Sett utifrån ett zoologiskt perspektiv så är människan en smalnäsapa och bör också kunna studeras även utifrån det perspektivet. Det är dock otvetydigt så att vår kompensatoriska intelligens och förmåga att tänka abstrakt kan skapa premisser vilka vi inte alltid har biologiska-realistiska möjligheter att efterleva. Så till exempel i de tidigare exemplen avseende önskemål att leva i utopisk gemensam harmoni eller att helt agera utifrån logiska och vetenskapliga premisser. På sätt och vis är detta mänsklighetens stora tragedi: vår ofullkomlighet. Och även om jag tror att vi är förmögna att allt emellanåt höja oss över våra mer biologiska, amygdalarelaterade, föreställningsvärldar så kommer vi nog alltid att drabbas av någon form av backlash. Att inte vara förberedd på det resulterar oftast i tunga samhällsbelastningar, ja ibland så pass att vissa funktionsområden kollapsar. Personligen tror jag att det är just den här processen som gör många av vår samtids politiker, framför allt i Sverige, både "naiva" och så pass blinda att man "inte ser det komma".

Vår förkärlek för att låta rationella skrivbordslösningar realiseras i samhällslivet kan ofta visa upp statistiskt verifierbara lyckade lösningar. Men den grundläggande sammanhållningen som behövs för att alls kunna prata om ett samhälle, lyser med sin frånvaro i såväl dess teori som praktik; främst för att de rationella skrivbordlösningarna kommer i konflikt med traditioner, seder, och i folklivet gemensamma föreställningar. Och om klyftan blir för stor, om gapet mellan det organiskt framvuxna samhället och skrivbordsprodukten blir för stort, vänder sig så att säga samhällslivet bort från politiken, och då primärt de instrumentella ideologierna socialism och liberalism. Och det finns ingenting som verkar kunna ändra på det. Och jag tror att det är den främsta orsaken till att många liberaler och socialister blir så frustrerade och intellektuellt elitistiska i sin konfrontation med den mer konservativa realiteten. Det är som om vänsterliberalismen vill peka på sociologiska, ekonomiska och politiska rapporter, dokument och forskningsresultat och liksom, vanmäktigt, skrika ut att: ser ni inte, förstår ni inte, bondtölpar, att det är så här vi måste göra! Nu! Helst igår!

Jag kan förstå att det kan vara frustrerande. Som konservativ ser jag dock att den folkliga skepsisen håller emot de mest vilda och lösryckta radikala reformerna. För, återigen, i de allra flesta fall missar vänsterliberalismen att se och förstå helhetsbilden och även om man kan visa på att man historiskt kommit fram till korrekta slutsatser, så måste dessa så att säga internaliseras och växa samman med helheten och ett lands befolkning. Det må gälla omställningar till t ex marknadsekonomi, demokrati, jämställdhet, unionsbildningar eller andra större förändringar. Konservatismen, och då kanske framförallt socialkonservatismen, är reformatorisk till sin karaktär, försiktigt sonderande, men ändå benägen till

73

självrannsakan och medveten om människans ofullkomlighet. Detta till skillnad ifrån en slags självsäker bild av "sanning" och självtillräcklighet som ofta präglar vänsterliberalismen.

Med risk för att missförstås vill jag här ännu en gång lyfta fram Polen som exempel. När nationalkonservativa Lag och Rättvisa vann valet 2020 (då SVT hade svårt att hitta konservativa anhängare! Sic!) var det många med vänsterliberal utgångspunkt som hade svårt att förstå det. Att över hälften av den stora nationen Polens befolkning de facto sympatiserade med en nationalkonservativ ideologi. Och medialt rapporteras givetvis endast sådant som faktiskt kan vara problematiskt med partiet, framför allt ur ett LBTQ-, familje- och familjeplaneringsperspektiv. Men, satsningar på pensionärer, barnfamiljer, försvarspolitiska samarbeten och att man slår vakt om gratis skolgång och hälsovård lämnades därhän. Partiet är inte oproblematiskt sett med svenska kontextuella glasögon, men givet behovet av stabilitet, trygghet och befolkningens önskan om att inte sväljas av ännu en slags anonym stormakt efter Sovjetunionen, gör nog att man bör visa den polska nationens val något större respekt och tålamod.

Det finns en slags vänsterliberal iver från många av EU:s partigrupper att de östeuropeiska länderna medels omgående ska ansluta sig till någon slags modern och radikal identitets -och värdegrundspolitik. Man förlitar sig på någon slags instrumentell styrning ("tvingande solidaritet"), gärna i kombination med bestraffning, för att genomföra en slags revolution uppifrån. Enligt mitt förmenande så ökar det snarare risken för att de idag konservativa östeuropeiska länderna sluter sig inom sig själva och distanserar sig från den Europeiska Unionen. Detta vore, både på kort och lång sikt, ett betydande misstag. Snarare så behöver länder som Sverige och Tyskland ta upp vissa för nationalstaten fundamentala socialkonservativa moment från våra östeuropeiska broderländer.

Utifrån ett slags politiskt korrekt perspektiv förekommer ofta en sammanblandning av det rationella och det intellektuella, ofta på ett sådant sätt att det sätts likhetstecken dem emellan; den intellektuelle anses vara rationell och vice versa. Det här innebär också att man gärna gör politik av "det forskningen visar". Och att ett motstånd mot det moderna "politiska beslutet" betraktas som anti-intellektuellt, reaktionärt och ointelligent.

Problemet är bara det att man gör två misstag parallellt (bortsett ifrån att man i många fall grundar sina antaganden på identitetspolitik, intersektionalism och postmodernism) från den politiskt korrekta och ofta mediala sidan: a) bristen på förståelse för, och politisering av, de vetenskapliga processerna och behovet av metaanalyser/-studier för att kunna dra slutsatser. Det enklaste exemplet på det är kanske FHMs inställning till användandet av munskydd. Önskemålet om införandet av munskydd betraktades som "ovetenskapligt" eller i bästa fall onödigt. När nästan alla drabbade länder införde det, sa man fortfarande nej i Sverige och när väl metastudier var på plats så negligerades slutsatserna. När sedan 22 stycken välrenommerade forskare skrev en debattartikel med fokus på bättre anpassning av coronastrategin, var man snabbt ute, medialt och politiskt, att håna, bagatellisera och förklara deras ståndpunkter med att de var "hobbyepidemiologer", ovetenskapliga och allmänt foliehattshysteriska, till skillnad från alla "experter" som fanns på FHM. Och detta trots att det var just de 22 som hade de tyngsta argumenten och vetenskapliga resultaten bakom sig. (Att sedan, då strategin i jämförelse med alla andra länder misslyckats, som GD Johan Carlsson dra fram slumpkortet ur skjortärmen är inte bara fräckt. Det är faktiskt förkastligt).

b) Man saknar förståelse för samhällets naturliga komplexitet. Närmast kan man se den vänsterliberala idévärlden som ett slags skogsbolag som önskar införa rationella monokulturer. De "samhällsbiotoper" som vuxit fram naturligt i Sverige genom århundradena ska, politiskt, avkrävas en anpassning till nya och väsensfrämmande kulturella och i det nya landet rotlösa sociokulturella biotoper. Mångkulturalism är, paradoxalt nog, i sin svenska tappning en monokultur. Det främmande språken, religionerna och sedvänjorna ska tyckas om, ses som en tillgång, någonting den svenska nationalstaten plötsligt inte kan klara sig utan. Under årtionden var kritik av den här bilden en biljett ut i sociopolitisk exil. Problem med integration, utanförskapsområden, etnisk-kulturell relaterad kriminalitet med mera, skulle rationaliseras bort med t ex Sarneckis undermåliga analyser. Detta parades med omfattande oikofobi, ett nedvärderande av den inhemska kulturen, traditionerna, sedvänjorna och de vardagliga etablerade beteendemönstren. Den svenska flaggan kom att ses som uttryck för rasism, traditionellt julfirande som småborgerligt och reaktionärt, Svenska kyrkan, hur man än moderniserade henne, var också en

misstänkt kvarleva, att slå vakt om kärnfamiljen var
"kristet gammaldags", att göra sin plikt och kräva sin
rätt blev något förtryckande i ett generöst
bidragssamhälle och att vara tvungen att lyssna på sin
lärare, sitta stilla i klassrummet och faktiskt plugga för
sitt betyg ansågs som nästan övermåttan fascistiskt.

Mot denna samhällsundergrävande politiska pyttipanna
är det dags för en genuint oikofil konservativ renässans.

Vårt behov av Oikofili

Oikofilin är stoltheten och glädjen över sitt hemland, gärna kryddad med en romantisk historiesyn som lyckas återberätta händelser på ett sådant sätt att de utgör goda förebilder. Astrid Lindgren, Moa Martinsson, Carl von Linné, von Heidenstam, Strindberg, Berzelius med många många fler förtjänar att hyllas och högtidlighållas i våra skolor. Caisa Wargs kokbok, traditionella maträtter, jakt-och fiskehistorier, kunskap och stolthet över vår tid som stormakt i Europa borde vara obligatorisk allmänbildning, den lutherska teologins betydelse för den svenska historien borde lyftas fram, skolavslutningar skall hållas i kyrkorna med traditionella psalmer (de som inte har sina rötter i en kristen kultursfär eller är ateister kan undantas, men skall, för allmänbildningens skull, informeras om vad som sker i samband med avslutningen. Och ja, prästen ska kunna hålla en kortare predikan avslutad med bön och välsignelse).

Det är också av största oikofila vikt att förstå Sverige utifrån ett agrarkulturellt perspektiv. Att förstå hur det svenska bondesamhället, generation efter generation, utgjort grunden för vårt sätt att leva här i norden, hur man genom historien levererat manskap till våra arméer, arbetare under industrialismen och ansvarat för matproduktion och kulturlandskapets upprätthållande.

Vår kärlek till naturen ska underhållas och förstås utifrån att vi i grunden är en slags "bonde-och torparbefolkning".

Finns det här ett anslag av den identitetspolitik som tidigare kritiserats? Ja och nej. Ja så till vida att det handlar om att medvetandegöra och upprätthålla en svensk kulturell identitet. Å andra sidan nej, då den är inkluderande till sin karaktär. Att den svenska kulturen utvecklats, precis som andra kulturer, till något säreget och unikt genom just sin kombination av historiska händelser och influenser måste framhållas med tydlighet. Och det som förklaras och beskrivs med tydlighet är något man kan förhålla sig till och, över tid och med ansträngning, bli en del av.

Det är min bestämda, konservativa och oikofila uppfattning, att lösningen på det migrationspolitiska kulturella kaos som vårt land befinner sig i går via assimilation och stängda gränser. Endast så får Sverige en välbehövlig period av återhämtning.

Men det finns mycket mer att hämta i en oikofil inställning. Sannolikt förbättrade skolresultat genom att använda sig av ett system som påminner om den äldre skolformen, motsvarande det vi kan se i t ex Finland, Tyskland och Polen, en stabil och kulturellt tillitsfull befolkning, mer resurser till ordningsmakten, klok familjepolitik, social trygghet genom klassisk socialkonservativ politik, en upprustad Försvarsmakt, en klok naturvårds-och djurhållningspolitik, klassisk stark ställning för kvinnan istället för förvirrande genuspolitik, ett meritokratisk system som distanserar sig från den typ av socialdemokratisk nepotism vi kan se idag (Ygeman och Transportstyrelseskandalen, ett konstant recyclande av Dan Eliasson mm), en långsiktig energipolitik med satsning på forskning inom fältet för fjärde generationens kärnkraft för att bara nämna några sannolika förbättringar.

Självklart går detta hand i hand med en gynnsam politik och förståelse för de samhällsviktiga småföretagarna, rätten till privat egendom och grundläggande personlig säkerhet.

Nationalekonomen och debattören Tino Sanandaji har under ett antal år publicerat statistik över relationen mellan våldsrelaterad kriminalitet, etnicitet och utanförskap. På ett föredömligt sätt har han lyft upp de problem som stor immigration, kulturella avstånd, utanförskap och kollapsad integration innebär. Detta är något vi inte kan bortse ifrån och idag är det glädjande att se att både Moderata samlingspartiet och Kristdemokraterna de facto tagit till sig så pass mycket av den konservativa analys som bland annat Ivar Arpi, Thomas Gür, Tino Sanandaji och Mattias Karlsson genomfört.

Det föreligger en klar korrelation mellan klassiskt konservativa nationer (och då gäller det demokratiska statsskick där staten och politiken är överordnad religionen) och stabilitet. Och jag är, såväl vad gäller politiska, sociala, ekonomiska som militära parametrar, benägen att hävda att det föreligger ett kausalt samband.

Länder som är genuint konservativa, åtminstone i modern tid och framför allt med avseende på bevarandet av traditioner, har ytterst små problem (om ens några) med etnokulturell splittring, ekonomi , utbildningsväsende, försvarsmakt eller invandring. Länder som t ex Japan, Schweiz, Österrike, (Bayern), Finland och Norge har oerhört mycket högre funktionalitet när det gäller utbildning, migrationspolitik, utanförskap, etniskt relaterad kriminalitet, försvarspolitik och sett till BNP per capita ligger de samtliga rejält bättre till än Sverige. Sverige är, på många sätt, ett typexempel på, förvisso med goda intentioner, en misslyckad modern välfärdsstat.

Och, när man tar del av dagspolitiken, kan man konstatera att nästan hälften av befolkningen fortfarande inte lärt sig någonting, utan ger sitt stöd till mer av samma, det vill säga någon form av vänsterliberal politik.

Och på något sätt börjar det bli bråda dagar. Kombinationen av att de yngre generationerna dras in i fundamentalistiska rörelser som Social Justice now , BLM etcetera (se Arpi) och en slags infantiliserad postmodernistisk narcissism, resulterar i att vi partiellt förlorar fotfästet och förminskas som funktionell kultur. Frånvaron av en klassisk bildningskultur, där kombinationen av objektiv positivism och ett meritokratiskt och hierarkiskt synsätt slår vakt om ett stabilt samhälle, tar bort möjligheten att hitta ett gemensamt språk och en funktionell plattform för förståelse av vår gemensamma verklighet.

På något sätt påminner situationen om 68-revolten och kårhusockupationen, men med ett helt annat genomslag på sociala medier. Sett i historiens backspegel tror jag samtidigt att en överväldigande majoritet idag är glada över att "ungdomsmarxismen" inte kom ut som vinnare ur den samhällskonflikten.

Dock, den fördel som 68-generationen de facto hade gentemot dagens statyvältargeneration, var att de åtminstone arbetade med formaliserade målbilder. Förvisso ansåg de sig i besittning av rätten att vara destruktiva på vägen dit, men de hade i alla fall en marxistisk målbild. Det saknas fullständigt idag, eller så är den så identitetspolitiskt diversifierad att den saknar reell betydelse. Kvar står endast längtan, kärleken och vreden. Och dessa tre ska inte kidnappas av militant aktivism utan den ska lyssnas till och ligga till grund för samtal, överläggningar och reformer i samhällanpassad takt.

Ett stabilt ramverk

Konservatismen är inte stridbar. I grunden är det min uppfattning att den snarast är existentiell. Hur förhåller jag mig till livet? Vad är viktigt för mig? Vad ger upplevelse av mening? Vad är betydelsefullt i min vardag? Det är några bland många frågor vi som människor åtminstone någon gång funderar över i livet. Och över tid, det är min starkaste övertygelse, börjar vi reflektera över vad våra föräldrar och förfäder gjorde med sina liv, hur de förvaltade sin stund på jorden, hur de förverkligade sina drömmar och uttryckte sin kärlek. Och med åren upptäcker vi likheter med vårt ursprung, lägger oss till med snarlika vanor och ovanor och känner oss bekväma i det som är vant och kärt. Den som bildar familj blir ganska raskt medveten om att fokus först byts från en ganska självupptagen bild av verkligheten för att ersättas av den "magiska andra/-e", mannen eller kvinnan "i ens liv"; för att därefter ersättas av det bioexistentiellt viktigaste av allt: barnet, för vilket man omedelbart och i vilken sekund som helst, är beredd att offra sitt liv. Alla föräldrar i den centrala delen av normalfördelningskurvan vet vad jag pratar om. Det ligger i vår natur.

Vi kan givetvis laborera med abstraktioner. Jag har själv gjort det. I tanke och handling. Att använda sig av kritisk marxistisk familjeteori kombinerat med Freuds sexualteori gav garanterat inga stabila relationer och skapade ett ungdomligt ökat risktagande. Nu har allt utvecklats till det bästa, barnen har antingen universitetsexamina eller studerar på gymnasium eller universitet/högskola och det främst på grund av oerhört starka, intelligenta och kloka mödrar, snarare än deras far; men lärdomen finns där: ett legitimerande av att inte behöva uppfylla plikter, att inför sig själv och andra låta "familjen" framstå som ett "borgerligt påfund" och att "man måste få leva ut sin lust, att "överjaget kan inte bestämma hur jag ska göra, då blir man neurotisk" skapar instabilitet. Privat och samhälleligt.

Däremot, att som nu, vara vigd i kyrka, se till att barnen blir döpta, ta sitt ansvar och i själen vara "katolskt" plikttrogen, skapar en helt annan stabilitet. För det är jag tacksam, och sett i backspegeln så har de ystra ungdomsåren med sina krångliga och krokiga stigar även de haft sin betydelse i form av livsyttring och förståelse av livet. Men, och det här är det viktigaste, man måste ha en slags hamn, en struktur och en kultur att, till slut, komma hem till. Och det är därför som jag, med emfas, hävdar att åtminstone alla som vet med sig att de gått in i medelåldern, befinner sig på mittdelen av ålderstrappan, har en absolut skyldighet att bevara, tradera, förvalta, kultivera och slå vakt om det gemensamma ursprunget och dess symboler.

Det är trots allt där som de framtida generationerna kommer att vila ut.

De flesta som genomgått någon form av militär utbildning vet hur viktigt det är att laget går före jaget. Förmågan att ta hand om såväl sig själv som andra i gruppen, plutonen eller kompaniet ökar med utbildningstiden. Raskt blir man medveten om att man inte kan lösa alla uppgifter på egen hand, att andras liv och hälsa beror på just dina insatser och din på deras. Det skapar en tillit och ett moraliskt mönster som alla blir en del av. Och det ger trygghet. De här principerna har utvecklats, renodlats och finjusterats genom militärhistorien, men roten är fortfarande densamma: tillsammans löser man en uppgift hur oöverstiglig den en ser ut att vara. Trötthet, kyla, blöta kläder och brist på mat kan skärpa sinnet och engagemanget för gruppen och plutonen. Man följer rutiner, använder sig av de instruktioner man drillats enligt och "gör som man ska" för överlevnaden.

"Göra som man ska" innebär att man förstår att vissa handlingar är viktiga för överlevnaden och som sådana inte är föremål för någon filosofisk diskussion. I den situationen är det empirin, den beprövade erfarenheten, som har prioritet. Vad än jag själv tycker och tänker om saken och situationen, finns det i de flesta fall en given lösning på de fältmässiga problemen.

Jag tror inte att det vardagliga livspusslet i grunden skiljer sig så mycket från de här omständigheterna. Mat måste stå på bordet, barnen ha nya skor och overaller när höstkylan kommer, räkningar betalas, bensin eller diesel fyllas på och ett bra uppträdande inom familjen behövs för att undvika onödiga konflikter. Och ofta ska detta genomföras under både tidsmässig och ekonomisk stress och då är det bra att veta hur man "gör som man ska".

Att då kunna luta sig emot sin uppväxt i kärnfamilj, med klara roller, koder, "problemlösningsmanualer" med mera, bedömer jag som ovärderligt.

Enligt den amerikanske politiske filosofen Thomas Sowell beror mycket av den afroamerikanska kommunitetens problem på framför allt två saker a) en tidigare omfattande bidragspolitik och b) splittrade familjer. Andelen hushåll med ensamstående mödrar är klart överrepresenterad i den afroamerikanska gruppen och, enligt Sowell, utgör det en riskfaktor för barnen avseende kriminalitet och drogmissbruk.

Jag tror att han är något på spåren. Sannolikt är det svårt för unga män, som saknar förebild, att hantera utsatta situationer och ansvarstagande i egenskap av att vara nybliven förälder. Man saknar karta, kompass och erfarenhet från den hela kärnfamiljen. Detta gäller, med stor sannolikhet, skilsmässobarn generellt, men med ökad socioekonomisk stress tillkommer ytterligare en riskfaktor. Och här kan man nog dra ytterligare en konservativ lärdom: man bör inte skaffa familj förrän man har råd och kan ta ansvar.

Den Judeo-Kristna Västerländska Kulturen –
ett konstaterande

Ryssland, Kina, Islamistiska organisationer, intersektionalistiska ideologier, BLM, radikalfeminism, postmodernistiska rörelser med flera har en gemensam fiende: den judeo-kristna västerländska kulturen. Givetvis av olika anledningar, men alltid i ljuset av maktanalys. Och det är inget konstigt i det; den judeo-kristna västerländska kulturen är de facto den mest framgångsrika och tongivande kultur som någonsin frambringats av vår art. Nästan allt vi tänker och använder i vår moderna värld har ett judeo-kristet västerländskt ursprung. Självklart finns det guldkorn i andra kulturer också, eminenta ryska författare som tidigare nämnts, de arabiska siffrorna, elementära astronomiska observationer i Mellanöstern och den matematiskt betydelsefulla nollan från Indien. Samtliga förvisso bidragande till en förståelse av vår värld, men inte i närheten av den moderna människans intellektuella vagga som den judeo-kristna västerländska kulturen utgör. För att göra en kortare presentation:

Modern systematisk astronomi med heliocentrism, evolutionsteorin, relativitetsteorin, newtonsk mekanik, motorer (explosionsmotorn, ångmaskinen och elmotorn), genetik, samtliga politiska ideologier, Apolloprojektet, datorer, bilen, mobiltelefonen, globalt upptäcksresande och systematiserande av fynd, media, ärftlighetslära, atommodellen, aristotelisk logik, kvantfysik, modern ekonomi med italiensk dubbel bokföring, psykologi, modern medicin, djupekologi, oceanografi, klimatologi, systematisk biologi, kemi, effektiva utbildningssystem, global megakultur (Hollywood, popkultur, den klassiska musiken), systematiserad internationell hjälp (Röda Korset, Caritas, Läkare utan gränser med flera), systematisk filosofi och teologi, avancerad jordbruksteknik, artificiell intelligens, yttrandefrihet, demokrati, media (klassisk och social), differentierad konstnärlig akademi och nobelpriset; för att nämna något av det mest essentiella.

Allt du möter idag, på en global skala, är antingen sprunget ur den judeo-kristna västerländska kontexten, eller en kopia av den, och den moderna människan är sprungen ur den. Den är på intet sätt perfekt och många horribla misstag har begåtts under resan, men den blir något bättre för varje decennium med avseende på etiska avvägningar och har goda förutsättningar att hitta en funktionell och stabiliserande balans om den så att säga "djupkulturellt, ekologiskt, existentiellt och konservativt" får hinna ifatt sig själv.

Och den är idag så öppen att var och en som på allvar så önskar, kan assimileras in i den genom bildning och utbildning. Självklart finns det ytterst försvårande sociala och ekonomiska hinder för många, så även i västerlandet; men med en klok och socialt ansvarstagande konservatism finns det åtminstone rimliga förutsättningar för att det stora flertalet ska kunna ta del av den. Alternativen, såsom rysk fake-nationalism, kinesisk kommunistisk diktatur, islamistisk medeltidskultur eller ett västerländskt inbördeskrig orsakat av aktivistiska anarkistiska särintressen, borde inte locka folkflertalet.

SD -en förutsättning för konservativ verkstad

Det går vissa skiljelinjer mellan den socialkonservativa nya högern å ena sidan och den traditionella kristdemokratiska-liberalkonservativa å den andra avseende två tunga frågeställningar: EU och NATO.

Ur ett klassiskt kristdemokratiskt-liberalkonservativt perspektiv kan man förenklat se det som att EU borgar för den europeiska marknadsekonomins stabilitet och Nato för dess säkerhetspolitiska trygghet. Såväl Bryssel som den transatlantiska länken utgör en grund för att EU ska kunna vara en fungerande och självständig spelare i det geopolitiska spelet om makt och inflytande. Ett led i bevisföringen för dess vikt och betydelse är de omfattande påverkans-och desinformationskampanjer som pågår från framförallt Kina, Ryssland, Iran och nu på sistone, som en utmanande femtekolonnare, sorgebarnet Turkiet.

Många av den nya högerns partier, ideologiskt social- och nationalkonservativa, har sitt ursprung i ett flertal eursoskeptiska idéströmningar som många gånger uppstått eller tillvuxit i kölvattnet av folkomröstingar om medlemskap i EU och Euron. Initialt hade många av de nykonservativa partierna en direkt negativ hållning till EU som sådant, vilket nog bör förstås utifrån att dessa, många gånger stora minoriteter, kände sig förbigångna, resurssvaga och politiskt-ekonomiskt irrelevanta.

Men, nota bene, EU-skeptiska partier som t ex Sverigedemokraterna, Lag och Rättvisa eller det spanska VOX är primärt inga "utträdespartier" idag.

Mycket kan nog ses i ljuset av de avskräckande svårigheter Brexit kommit att innebära, men man har nog även korrigerat analysen utifrån den hotbild som Kina och Ryssland utgör idag. Sannolikt, och förhoppningsvis, kommer även utökade samarbeten mellan äldre konservativa partier och de nya socialkonservativa högerpartierna resultera i en mer Natopositiv hållning.

(Nota bene, att Sverigedemokraterna nu ställer sig bakom en Natooption).

Den svenska debatten är, med sin åsiktskorridor och polarisering, på inte sätt unik. Under årtionden har positioner varit låsta och ett många gånger medvetet konstruerat murbyggande mellan "legitimt" och "tabu" har byggts upp. Men, vilket redan är omnämnt, Ebba Buschs lunch med Jimmie Åkesson skapade en hegemoniskt robust brygga mellan kristdemokratiskt liberal-konservativt sinnade och socialkonservativ politik, en tankestruktur som överbryggar och legitimerar en politisk verklighet bortom artificiell polarisering och som vandrat igenom åsiktskorridoren och kommit ut på andra sidan. Glädjande för en allmänkonservativt sinnad är givetvis även moderaternas och Ulf Kristerssons öppna och kloka hållning gentemot Sverigedemokraterna. Stödet för den här typen av samverkan är mycket stort hos medlemmarna inom samtliga tre partier och samlar i princip hälften av landets röster idag. En del av dessa röster kommer från genuint konservativa väljare, men framför allt bör man se att denna för tjugo år sedan otänkbara utveckling är ett resultat av en omfattande reaktion mot det uttalade sönderfall som kan bevittnas på i snart sett varje socialt, ekonomiskt och säkerhetspolitiskt område i Sverige.

Socialdemokratin fick förvisso ett uppsving i coronakrisens inledningsskede, men i takt med ökad politisering och parallell delegering av frågan, i kombination med ett i jämförelse med våra nordiska grannländer katastrofalt resultat, ökar återigen det konservativa blocket. Moderaternas krav på testning och Sverigedemokraternas framhållande av försiktighetsprincipen visade i det långa loppet att man återigen var de ansvarstagande parterna i svensk politik och att man, precis som i samband med migrationskrisen 2015, gjorde en korrekt analys.

Vänsterliberala försök till medial trollning och socialdemokratisk "tomgångsretorik" får inte längre samma gehör, den kognitiva dissonansen har blivit för stor, den verklighet som människor lever i, den kriminalitet de utsätts för, den försämrade vården och skolan de betalar dyra skattepengar till, men som inte längre fungerar, den heders-och våldskultur som breder ut sig och noteras i hijabdraperade utanförskapsområden, bristen på kunskaper i svenska (som i många vårdsituationer resulterat i livsfara); tillsammans talar de sitt tydliga språk, visar på omfattande samhällsproblem och djupa sprickor. Sveriges befolkning kan dagligen uppleva och läsa om hur illa ställt det är med riket i kulturellt, socialt och funktionellt hänseende. Det är inte till någon gagn att "ladorna är fulla" eller att man "satsar miljoner" på någonting när man fullständigt förlorat en sammanhållande berättelse och när känslan av historie-och rotlöshet griper omkring sig. Vänsterliberalismen går runt med en "bidragspåse Gott-och Blandat"- för att akut täppa till den sjunkande samhällsfarkostens största hål, påminnandes om 70-talsfiguren "Vilse" i Staffan Westerbergs barnprogram "Vilse i pannkakan", där den förvirrade huvudpersonen jagar korkar till sin av hål fullständigt perforerade båt.

Och utvecklingen löper i parallella spår. Samtidigt som socialdemokratin tappat bort både sitt "Varför" och "Hur" och nyliberalismens enda grundläggande norm är individen och ekonomin, har den i Sverige etablerade och fungerande arbetar-och medelklassen i allt större utsträckning kommit att förstå att vare sig identitets-, genus- eller nivelleringspolitik räcker till, lika lite som ett ensidigt fokus på ekonomi, för att skapa ett fungerande och sammanhållet samhälle.

På många sätt har vänsterliberalismen så att säga vänt på frågeställningen och på något bakvänt sätt kommit att förstå kritiken av decenniers misslyckad politik som själva orsaken till den uppkomna situationen.

Återigen är det skrivbordsproducenternas besvikelse över att inte verkligheten böjer sig inför den politiska abstraktionen som går ut över den reella verklighetens folk. Här krockar den ena föreställningen efter den andra med verkligheten, det må gälla allt från energipolitik till att lösa sociopolitiska problem med "fler fritidsgårdar", paradoxer som att "det finns inga kön" samtidigt som man applåderar separata badtider, tung bränslebeskattning av landsbygdens pendlande befolkning samtidigt som man vill lägga miljarder på höghastighetståg (en reform som inte på något sätt gynnar glesbygdens befolkning), stad ställs mot landsbygd, utanförskapsområdena tillväxer, kommuner dignar under de ökade behoven av försörjningsstöd; kort sagt: man lyckas år efter år fatta beslut som på alla plan ökar samhällets divergens.

Och det är i tider som dessa behovet av såväl teoretisk som praktisk konservatism är som störst. Det är något som Sverigedemokraterna påtalat i decennier, argumenteret för och gått till val på. Sverigedemokraternas realistiska socialkonservativa politik har kommit att vinna förtroende i längden och förtjänar i dagsläget både erkännande och respekt. Landet är i stort behov av just deras insats, helst med statsrådsvalör.

Konservatismen bär inom sig idén om sammanhållning bortom grupperingar, kön, ekonomiska intressen och individualistisk njutningsfilosofi. Det kan vara svårt att förstå för den som vuxit upp i ett vänsterretoriskt demoniserande av de gamla traditionerna, men klassiska ideal som måttfullhet, plikttrohet, ansvar mot de sämre bemedlade och sjuka, tjänandet av nästan, strävsamhet och självdisciplin är oumbärliga för såväl en funktionell individ som ett fungerande samhälle.

Att kämpa, sträva och göra rätt för sig är klassisk hederlig arbetarmoral, men den är inte rotad i arbetarrörelsen, utan fastmer i en luthersk ansvarstradition. Det var en moralkod som internaliserades tidigt i människors liv och kan i mycket jämföras med de omfattande koder som präglar det japanska samhällslivet; ett samhälle där brottsligheten kontinuerligt sjunker och där personliga brister ger upphov till skam och insikt om behov av bättring.

Men den är inte specifik för arbetarmoralen. Den hade historiskt ofta genomslag på samtliga nivåer i samhället. Eller som stats-och litteraturvetaren Carl Johan

Ljungberg skriver i sin utmärkta biografi över Edmund Burke: "Den amerikanske klassicisten och Harvardprofessorn Irving Babitt (1865-1933) påpekar i sitt verk Democracy and leadership (1924) att kärnan i Burkes läror är självbesinning och självdisciplin". Och dessa omfattade alla samhällsskikt.

Den insikten kan ju för den rojalistiskt intresserade även noteras hos t ex den mycket asketiske Karl XI eller för den delen Fredrik II av Preussen som slog fast att han var "statens förste tjänare".

Samtidigt är det även viktigt att förstå att man här måste utgå ifrån en närmast kantiansk deontologisk pliktetik. Etisk och moralisk relativism av den typ som till exempel existentialismens situationsetik representerar, skapar ett gungfly av uppfattningar utan förankring. Relativismen gör det möjligt att agera helt egocentriskt och egennyttigt, likväl som att offra horder av människor för att uppnå ett föreställt idealtillstånd. Behovet av en återgång till kardinaldygder, rätt och fel, högt och lågt, sant och falskt, mitt och ditt och förståelse av på vilket sätt dödssynder faktiskt är förödande för människa, natur och samhälle, är akut. Likaså behovet av ett konservativt block där Sverigedemokraternas bild av den gamla Folkhemsmodellen, dess kjellénska grund, dess "blue-labour"-bakgrund, på socialkonservativ grund, får komma till sin rätt i den "konservativa trädgården".

Våra djupaste berättelser

Det är svensk högsommar, solen står högt på himlen, nässelfjärilar fladdrar förbi oss med mjuka vingslag och kossorna betar på de gamla ängarna med stenrösen. Det är småländsk kulturbygd, mellan Katthult och Mariannelund. Det är fyrtio år sedan mitt senaste besök hos den snart tusenåriga Kvilleken. Vi lyssnar på dess elegiska toner och jag berättar för vår yngsta dotter om mitt barndoms besök, att man då fick gå in i den ihåliga stammen, något som idag är förbjudet av säkerhetsskäl. Hon blir till lika delar imponerad av dess majestätiska storlek som besviken över att man inte får "gå in i den".

Kvilleken mår inte bra och den är faktiskt döende. Och det av ett flertal olika faktorer där den främsta anledningen är just dess ålder. Men även ett felaktigt omhändertagande av en sprucken stam, då en järnring slogs runt trädet, anses bidra, samt ett parasitangrepp, Egentligen är det endast en bråkdel av den väldiga kronan som bär en lövdräkt, men just den delen fångar ändå vår uppmärksamhet och jag är oerhört glad över att kunna visa min sjuåriga dotter Sveriges äldsta ek, vid liv och samtidigt berätta om mina barndomsminnen för henne och min fru. Och det är alldeles uppenbart så att jag upplever en trygghet och glädje över att allt är sig helt och hållet likt sedan den dagen för fyrtio år sedan. Ängar och skogsbruk fungerar på precis samma sätt nu som då. Ännu mer glädjande är det att vi alla tre har gemensamma referenser i Astrid Lindgrens berättelser, och just här, historierna om Emil i Lönneberga uti Katthult och Mariannelund.

Vi tar bilder, håller om varandra och jag och hustrun fantiserar om äldre tiders midsommarfiranden med ljusa nätter, lätta sommarklänningar, rundkragade skjortor och västar, sju sorters blommor under kudden och fiolernas passionerade tongångar.

Om detta har det berättats i generationer och för varje högtid, midsommar, alla helgona, Lucia, advent, Jul, Nyår, påsk, pingst och Valborg, återvänder vi med våra berättelser, maträtter, porslin, sånger till de som gått före, knyter banden bakåt, in i nutiden och vidare in i framtiden.

Detta är hela folkets gemensamma kulturskatt, allmogens, borgarens, adelsmannens och kungahusets. Vi vilar på dessa platser. Kommer till ro, men upplever också lustfylld livsglädje.

När jag var ung student på åttio- och nittiotalet, så sågs de här högtiderna som antingen gamla "småborgerliga" dumheter eller ett ypperligt tillfälle att ta på sig en mer yuppie-inspirerad attityd och "bränna iväg på nån kul resa" med Ray Bans på nästippen och laddad med en "allt går att köpa"-attityd.

Den inställningen kom att hänga med ett tag in i vuxenlivet. På många sätt kan jag beklaga det idag. Inte direkt ångra, men på något sätt beklaga. Jämfört med mina föräldrar och far-och morföräldrar kom den här relativistiska attityden att få mig att mogna in i vuxenlivet ganska sent. Akademiskt och intellektuellt, med flera universitetsutbildningar, legitimation och doktorshatt hade jag tagit mig, kunskapsmässigt oerhört långt. Men min resa mot att bli en vuxen, på allvar, började först i fyrtioårsåldern.

Och det slår mig allt oftare hur mycket av den "ungdomskultur" vi nu odlat i ett antal decennier, nästan tvångsmässigt har format ett behov och krav på en ungdomens revoltkultur, antingen konstnärligt kulturellt eller politiskt. Ofta i öm förening. Att erövra sin självständighet och pröva sina vingar är både nödvändigt och berömvärt, men frågan är om den utvecklingsprocessen alltid, under alla omständigheter, måste präglas av konflikt och antagonism? Det kloka, lugna och tålmodigt sakliga mentorerandet av den unge vuxne, samtidigt som föräldragenerationen faktiskt ikläder sig vuxendomen och distanserar sig från ungdomsfetischismen, kanske vore en angenämare väg att gå?

Egentligen behövs det kanske inte läggas några livspussel. De senaste åren har jag vid åtskilliga middagar med goda vänner åhört den ena önskan efter den andra om att "laga mat från grunden", "gå i skogen som vi gjorde när vi var små", "flytta ut på landet", " skita i allt och bara vara hemma med ungarna. Göra det som är viktigt och rätt", "Jag skulle lugnt kunna vara hemmafru, jag skiter i feminismen. Har du läst Greta Thurfjell i DN?", "Klart man ska jaga och fiska. Och egen potatis! Absolut! ".

Vi känner inom oss att vi vill ha tid med barnen, vill tillbaka till de trygga traditionerna med långkok och långa tankar framför den öppna spisen. Jag tror inte att det är en slump att vi bänkar oss framför Sagan om Ringen och Kalle Anka på jul, vill åka till snön i fjällen, pilgrimsvandra, åka på retreater, och plocka bär och svamp i den djupa skogen.

På något sätt uttrycks den längtan efter ett naturligt liv alltmer intensivt. Det är livet självt som söker en form, en tidegärd, att få växa fram i. Att objektivera det, att ställa olika krav och jämförelser mot varandra tvingar fram ett hektiskt läggande av ett pussel som ständigt tillförs fler delar, i motsats till den längtan efter inre växt och mognad som är naturlig.

Någon tycker kanske att jag romantiserar en aning. Ja, kanske det. I boken "Illusionen om Gud" citerar Richard Dawkins Douglas Adams och poängen är frågan om man inte kan njuta av en trädgård utan att "föreställa sig att det finns älvor i den längst bak". Jag tror att citatet egentligen slår ganska fel. Jag funderade länge på varför jag tyckte att något kändes fel med det. Självklart finns det inga älvor i trädgården, men jag tror att våra spontana och arketypiska associationer, med glädje, smyckar den verklighet vi varseblir med egna förskönande bilder. Det blir lite av en gengåva. Som barn blir vi ofta så överväldigade av dessa bilder att vi kan tro på dem objektivt. Vi blir sedan en smula besvikna när vi lär oss att resonera mer rationellt, för att sedan som vuxna kunna finna något konstnärligt, filosofiskt och existentiellt befriande i att återigen smycka vår värld med vår subjektiva lustfyllda glädje.

Den här något romantiska bilden av verkligheten rymmer dock även en mötesplats för Viktor Frankls och Sören Kirkegaards uppfattningar om Mening och att våra liv måste vara subjektivt förankrade; eller bli ytligt förfelade.

På sätt och vis är det något förfelande att hävda att Kirkegaard förde något slags objektivt resonemang (för subjektivism). Snarare finner jag honom törstande efter ett språk och modeller för att så nära som möjligt kunna uttrycka sin subjektiva upplevelse och det är som att han på djupet har samma slags upplevelse som Wittgenstein: man kommer nära med ett exakt språk, men det djupast existentiella är fördolt i tystnad. Det här är allmänt bekant i religionshistorien, men i princip okänd mark för den moderna människan.

Likadant med Frankls klarsynta resonemang om att livet måste ha en Mening. Han ser det som snarast en inre drift hos oss att ha en berättelse, en fast punkt, någonting som bär oss.

Båda dessa tänkares iakttagelser visar sig i den moderna människan belägenhet. Längtan efter tystnad, egen tid och mening är idag skriande, och jag tror att förskrivningen av antidepressiva, sömntabletter och olika terapiformer är ett direkt resultat av bristen på språkdräkter inför de stora existentiella händelserna i våra liv, födelse, pubertet, äktenskap, åldrande och död, kombinerat med en oförmåga att sätta in dessa händelser i en meningsfull berättelse. Vi lever inte våra berättelser, utan är utslungade i en reaktiv livsprocess utan mål och riktning, vilket kan vara nog så ångestskapande, vilket återges på ett skrämmande klart sätt av framförallt den existentialfilosofiske författaren Albert Camus (hans katolska uppväxt löpte många gånger som en parallell utmaning och sannolik längtan under hans alltför korta levnad).

Romantiken och idealismen har satts på undantag och den klarar sig ofta väldigt dåligt i direkt polemik med den objektive och rationelle analytikern. Vilket primärt beror på att dess hemvist är poesins, konstens, musikens och det religiösa språkets värld. Det är en mänsklig plats där den djupaste smärtsamma kärlek, som i Goethes den unge Werhtes lidande, en Franciskus kärlek till naturen och de mest utsatta, sankt Brunos kontemplativa tystnad i Chartreuse och pater Maximilian Kolbes altruistiska martyrskap i Auschwitz återfinns.

Vid livets innersta och yttersta gränser suddas objektiviteten ut. Som organismer blir vi varse att, vare sig det är den vackraste och kärleksfullaste av upplevelse eller den mest vidrigt smärtsamma, så vet vi att vi, mellanmänskligt sett, inte kan bjuda in någon till just den exakta position där våra känslor utspelar sig. Och det är då vi använder oss av konsten, dikten, det religiösa språkbruket och musiken. Dessa förutan brister något inom oss och vi blir inlåsta i oss själva i avsaknaden på medel att kommunicera.

Därför ligger det mig varmt om hjärtat att värna den andliga kulturen i samhället, lyfta fram den retrograda konsten och ge utrymme för det kloka, lugna samtalet.

Toscana, Umbrien och Franciskus

Vi har tillbringat två veckor i Toscana. Tillsammans med goda vänner har vi bott i ett 1300-talshus mellan böljande kullar, olivlundar och svalkande lövskog. Dagliga utflykter till vackra bäckraviner, där vi ätit ost, bröd och vin i det impressionistiska solljuset som silas genom lövverket och med tiotusen reflexer i det ljusblå skummande och virvlande vattnet, har burit våra dagar.

Och vi besöker Assisi, Umbriens historiska och andliga pärla. Terracottafärgad och både näpen och väldig på samma gång tar staden emot oss när vi anländer, svettiga och förväntansfulla. Vi kryssar mellan gränderna och bestämmer oss efter en stund att börja dagen med ett besök i Basilica di san Francesco.

När jag besökte staden som ung tyckte jag att den väldiga basilikan på något sätt stod i alldeles för bjärt kontrast till de asketiska ideal som Franciskus av Assisi uttryckte med sin livsgärning. Ett halvt vuxet liv senare, med erfarenheter från flera kontinenter och stora städer, påminner den mig nu mer om en liten trygg bykyrka.

Vi går in i de svala kyrkorummen. Valven sluter sig över förväntansfulla, troende och sökande. Doften av levande ljus och svala stenväggar fyller våra tankar och hjärtan. Vi letar oss ner i den dunkla krypta där Franciskus ligger begravd, omgiven av milda hymner och det varma skenet från vaxljus. Vi går, vördnadsfullt, runt hans grav. Jag bär min yngsta dotter på armen. I själen möts den andliga glädjen över att vara här, lyckan och välsignelsen min familj innebär och, djupt i mitt hjärta en stillsam sorg, ibland en svartgrå vredgad förtvivlan

101

över den förlust vår yngsta sons död inneburit för oss. Vanmakt över att inte kunnat hjälpa honom i hans akuta sjukdomstillstånd, all min medicinska kunskap till trots.

Inom mig finns en trött längtan efter vila och bön. Lindring. Jag rör mig försiktigt fram genom rummet. Med oro i hjärtat.

Då, just i det ögonblicket, stämmer min lilla tvååriga ljuslockiga livsgåva, nynnandes, in i de hymner som fyller den lilla kryptan.

Hon har aldrig någonsin nynnat en visa. Möjligtvis sjungit. Men just där, just då, lämnar de ljusaste och mjukaste toner jag hört hennes läppar. Och de omsluter mitt hjärta. Försiktigt. Läkandes.

Och det blir till en av mina viktigaste berättelser och just berättelserna och deras plats i helheten är det som i grunden gör oss mänskliga. Förmågan att minnas och i ord och symboler uttrycka det som kommer att bilda en allt större väv av liv och mening.

Sören Kirkegaard skrev mycket klokt en gång att "Livet kan bara förstås baklänges, men det måste levas framlänges" och för mig innebär det även att man nog bör leva på ett sådant sätt att det finns något att verkligen se tillbaka på. Och jag tror på en viss kontinuitet, ett traderande, att ens eget liv, tvärtemot individualismens utsagor, likt kapitel i en bok, bör fogas till tidigare kapitel, böcker och bibliotek; samtidigt som det öppnar för nya berättelser.

Avslutningsvis

Bland det svåraste som finns för den konservativt sinnade idag är att försöka förklara sin position och sina bevekelsegrunder bortom den moderna vänsterliberalismens nidbild av den. Tyvärr, ja det är verkligen att beklaga, så har konservatismen, just i egenskap av reaktion, kommit att bli synonymt endast med ordning, struktur, lagar, moral, bestämmelser, militär verksamhet, gamla böcker och muséer. Och då i bästa fall. Belackarna är ofta även mycket snabba att påpeka att fascismen också skymtar runt hörnet.

Saken är bara den att nidbilden skiljer sig så oerhört mycket från den alldagliga och folkliga vardagskonservatism som de allra flesta i vårt land på något sätt ägnar sig åt. Man vill fira sina högtider, äta köttbullar, prinskorv och sill, sjunga, skoja och skåla i kall nubbe, ha en sjukvård som fungerar, ett språk som alla kan prata och förstå, en skola som ger barnen utbildning på riktigt, betyg som hjälp för orientering (inga flumpedagogiska postmodernistiska utsagor om huruvida ens 9-åring upplever sin subjektiva roll i förhållande till kunskapsmålen), polis som kommer när man ringer, att kungahuset och Sveriges flagga respekteras, att få tid och möjlighet till rekreation i skog och mark, man vill jobba hårt (utan att drabbas av helt sönderbeskattade löner och varor) ofta vill man bygga sig ett litet hus att bo och fredagsmysa i, bestämma själv över och där vara ifred från klåfingrig politik.

Människor reder sig för det mesta själva om man låter dem vara ifred och utvecklas enligt eget sinne, tycke och smak.

Nåväl, den vänsterliberala ideologiska klåfingrigheten distanserar sig såväl filosofiskt som reellt från verklighetens folks vardag och det på sådant sätt att resultatet har blivit ett mycket segregerat samhälle. Och där frånvaron av vardagskonservatismen är som tydligast, där blomstrar parallellsamhället, kriminaliteten, språkförbistringen, bidragsökningen, arbetslösheten, där breder pandemins konsekvenser ut sig snabbare än någon annanstans, där frodas hederskulturen och ett medeltida patriarkalt synsätt på familjen.

Och vänsterliberalismen har uppmuntrat detta.

Och konservatismen har reagerat på det farliga med denna utveckling. Och den reaktionen har, vänsterliberalt och medialt, kommit att framstå som det enda konservatismen innebär. Jag hoppas, innerligt, att jag med denna bok kunnat visa på en annan bild av konservatismen, förklara dess levande och till synes, som livet självt, emellanåt paradoxala natur och vårt samtida behov av den.

Förlag: BoD – Books on Demand, Stockholm, Sverige
Tryck: BoD – Books on Demand, Norderstedt, Tyskland
ISBN: 978-91-8027-566-8